जिन्दगी एक काव्य धारा

काव्य-सुधारस

BY

मदन मोहन (मैत्रेय)

 pencil

ISBN 978-93-5438-623-7

© मदन मोहन (मैत्रेय) 2020

Published in India 2020 by Pencil

A brand of

One Point Six Technologies Pvt. Ltd.

123, Building J2, Shram Seva Premises,

Wadala Truck Terminal, Wadala (E)

Mumbai 400037, Maharashtra, INDIA

E connect@thepencilapp.com

W www.thepencilapp.com

Author biography

Name-Madan Mohan Thakur

S/o-Shree Amarnath Thakur

Vill&Po-Ratanpur

PS-Kamtaul

Dist-Darbhanga Bihar india 846307

Qualification-BA from LNMU University Darbhanga

Hobby-Watching & Writing

Hight-5, 7"

Email-madanmohanthakur45@gmail.com

Contents

क्या-क्या कहता जीवन के पल,
जीवन कविता के जैसी धारा है।

1(अ) तुम तो कह दो बस इतना नीले आसमानों से

तुम तो कह दो बस इतना नीले आसमानों से।

जमी पर जो घर है, उसे तो हमने ही बनाया है।

समझ आए ना आए उसे तो क्या गलती हमारा है।

ये है आशियाँ अपना, इसे नजाकत से सजाया है।

मतलबी हो अगर आशमां, जो रिस्ता हमसे तोरेगा।

मैं सफर का वो शिपाही हूं, जो यूं चलना ना छोरेगा।।

है मुझे हौसला खुद पर, सफर में चाहे लाख कांटें हो।

मैं यूं चलना ना छोरूंगा, चाहे राह कुदरत के बाँटे हो।

अभी तक जी रहे थे जैसे, जिन्दगी अब सीख ली मै ने।

सफर से लौट कर नहीं जाना, चाहे उसके जो इरादे हो।

मतलबी हो आशमाँ फिर भी हमसे ऐसा जो बोलेगा।

मैं चलता राह का राही हूं, जो यूं चलना ना छोरेगा।।

भुलाई कल की कई बातें, सफर में मैं आगे निकल आया।

अक्स दिखलाता हुआ शीशा, मैं ने अब तो बदल आया।

ठहरना कैसे अब मुनासिब हो, गर मंजिले दूर काफी है।

कल खाई थी ठोकरे काफी, देखो तो अब मैं संभल आया।

मतलबी बन आशमां फिर भी रास्ता ऐसे जो मोडेगा।

मैं तो राहबर चलता मुसाफिर हूं, जो यूं चलना ना छोरेगा।।

अभी तो उम्मीदों के दीये लेकर, मैं ने लौ फिर जलाई है।

अब तो मैं कहूं कैसे, ये मेरी जिन्दगी ले रही अँगडाई है।

अब तक हार मिलने पर, मैं खुद से खुद पर ही रोता था।

आज फिर वक्त है ऐसा, ये जिन्दगी मेरी मुस्कराई है।

मतलबी बन आशमाँ अब जो मुझे फिर जो झिंझोडेगा।

अब कहू मैं इतना तो काबिल हूं, जो यूं चलना ना छोरेगा।।

1 क्या-क्या कुछ कहती है रजनी

क्या-क्या कुछ कहती है रजनी।

मानव तुम कब समझोगे।

कब समझोगे तुम समय गति।

करते हो व्यर्थ प्रलाप, कब समझोगे।

जीवन जीने का है यही ध्रुव सत्या।

आने को है प्रभात, बतलाती रजनी।।

तुम जीवन से क्या अब सीख रहे।

करमों के कोरे कागज पर क्या लिख रहे।

यह सत्य ही हो, समय धुरी अब ठीक रहे।

हो काश यही, जीवन पथ में ना तकलीफ रहे।

जो मिलता है पथ पर, हो उसका खुद कर्त्या।

प्रथम रश्मि को फिर दिखलाती है रजनी।।

तुम किए कर्म का भाव से ना मुख मोड़ो।

पथ में कंकर है तो क्या, ना चलना छोरो।

कोरे कागज पर यूं व्यर्थ चित्र को ना दोरों।

अहंकार के पत्थर से जीवन शीशा ना तोरो।

खुद को खुद से लगा न तुम ऐसा कोई शर्त।

उषा किरण की आभा पर इठलाती रजनी।।

तुम तो मान भी लो, बीत गया सो हुआ अतीत।

उन काले पन्नों से तुमको क्या करना प्रतीत।

फिर से क्यों तुम करते हो वक्त व्यर्थ व्यतीत।

क्यों अब उलझाने की लालसा है जीवन गणित।

खुद से ही खुद को कहीं ना कर डालो व्यर्थ।

बस यही गुणा-भाग की दुविधा को दिखलाती रजनी।।

2 प्रेम रतन धन बरसाना तेरा

प्रेम रतन धन बरसाना तेरा।

धीरे से कंगना खनकाना तेरा।

फिर दिल में मेरे दस्तक दे जाना तेरा।

नयनों का यूं झुक जाना तेरा।

मेरे दिल में हलचल चलती।

मेरे नयनों में फिर चुभ जाना तेरा।।

थोरी-थोरी बातों को मीठे-मीठे लमहों में।

मैं जी लूंगा बैरन तू मुझको जीने दे।

धीरे-धीरे तो फिर घूंघट उठना तेरा।

मुझे तेरे होंठों का जाम तो पीने दे।

मेरे दिल में पल-पल तो धड़कन बढती।

मैं बुलाऊँ तुम्हें, चलते-चलते जो थम जाना तेरा।।

तेरे मेरे की तू अब तो बात ना कर।

यूं ही चाहत की झूठी- झूठी बरसात ना कर।

दिल में चाहत का भरा हिमालय देख भी ले।

यूं ही दिल की हरकत में खुराफात ना कर।

मेरे दिल की प्यास जो पल-पल जगती।

मेरी हसरत-हसरत पर वैरी उलटा-सीधा समझाना तेरा।।

अब तो तू हो जाने दे खो जाने दे हसरत में।

तू तो थोरी मान भी ले आने दे मुझको हरकत में।

तू ऐसी भी नादानी ना कर ले आज मजा तू जीने में।

और हुस्न मिला दे तू मेरी मीठी-मीठी शर्बत में।

प्रेम मेरा तो ऐसा फिर मादक रैना ढलती।

कह दे तू अब अपनी यूं ही जो शर्माना तेरा।।

आज रात को होने पे मन की मेरे करने दे।

तू बरसात तो करता जा मोहे मय में खोने दे।

तेरी मादकता जो बरस रही हसरत मेरा भिगोने दे।

आज जो होना है हो जाए मोहे इश्क में खोने दे।

तेरा जो जुल्फों को लहराना नैना मेरे राह तेरी तकती।

थोरी-थोरी हरकत में घूंघट नहीं सरकाना तेरा।।

3 भंडारा कर लो जी

भंडारा कर लो जी भंडारा कर लो।

अजी प्रेम से नैनन में नैन मिला लो।

थोरी-थोरी पिया प्यास बुझा लो।

वैरना जी-वैरना जो थोरा दिल धड़का लो।

आज सजी जो लव के गुरु द्वारे में।

पिया वैरना वे इश्क जरा दुबारा कर लो जी।।

मेरी तो प्यास जगी तेरी चाह बीच।

मैं वैरना तुम्हें पुकारूँ रे, तेरी वाट निहारूँ रे।

आती है जो लट बिखरा के सोंङया।

आजा बांहों में ले तेरी जुल्फ संवारूँ रे।

अजी हम दोनों आज लड़े इश्क अखाड़े में।

तेरे सांसो की महक हिरिए इश्क दुबारा कर लो जी।।

मैं ना जानु-तू ना जाने कैसी रोग लगी है।

तेरे चाह में मैं डूबा पिया प्रेम की जोग जगी है।

तेरे मेरे मिलन की लमहे खास हुआ है।

हम दोनों मिलने को आतुर चाहत की आग लगी है।

अजी हम तो आज मिले लव के गुरु द्वारे में।

मैं तो अजी राह तकूँ वैरना रे इशारा कर लो जी।।

दिल मानत नाही अब चैन कहां से लाऊँ।

इतना तो समझाना कैसे तेरे सांसो में घुल जाऊँ।

ऐसी तपिश बढी अब तो तुझसे मिलना चाहूं।

तेरे प्रेम में बना पुजारी प्रेम की अलख जगाऊँ।

अजी हम तो घायल हो गए तेरे एक इशारे में।

मैं डूबा-डूबा तुममें तुम बांहों में गुजारा कर लो जी।।

आज इश्क में हुआ है वादा, वादों की लगी झरी है।

जितना कोशिश किया चाह में उतनी यार बढी है।

तेरे-मेरे मिलने की कोशिश फिर मस्तानी पुरवा।

तेरा चाह-फिर मेरा चाह भंडारे की चाह जगी है।

अजी फिर क्या खयाल तेरा इश्कन के बारे में।

अजी छोरो दूजी बातें इश्कन में काम वो सारा कर लो जी।।

4 तेरे जरा-जरा समझाने से

तेरे जरा-जरा समझाने से।

थोरे-थोरे नैना उलझाने से।

मोहे रोग लगी पिया अटपट सी।

मैं चलती तेरे सांसो में जी आया।

तेरे ओठ भरे पिया मदिरा से।

मैं तेरे होंठों का प्याला पी आया।।

मोहे और मोहे और पीला।

मोहे पीला दे शाकी जी भर के।

मोहे आज नाचना तेरे चाहत में।

मोहे संग झूमा ले जी भर के।

तेरे ओठों के अंगारों पे अपना।

बालम रे मैं तपता-तपता जी आया।।

आज मुझे तो होश नहीं मैं मदहोश हुआ।

शाकी- शाकी बस जपन किया।

लगी आग हैं इश्कन की बेहोश हिया।

मैं प्रेम का जोगी बन कर के जतन किया

जो उठा लहरी राग प्रेम तमुरे से।

जाना था कहीं मैं पिया कहीं आया।।

तेरे इश्क की ऐसी तूफान चलाने से।

मैं उड़ा मेरा जप जोग जतन उड़ा।

तेरे जरा- जरा पास मेरे जो आने से।

मेरी टूट परी तप की ग्यान धुरा।

तू जो आँचल को लहराती सोन कुरी।

मेरे इश्कन का यार समय यही आया।।

मैं प्रेम राग का जोगी रे योग किया।

तेरे मेरे मिलन की हैं संजोग पिया।

तू अब मांग के देखो जी भर के।

कहें कैसे तेरे चाहत का मुझको रोग पिया।

अब तो इश्क शरारत करते- करते।

मैं चला दो चार कदम पे ही तेरी गली आया।।

5 उम्मीद से दिये के लौ जलाया भी था

उम्मीद से दिये के लौ जलाया भी था।

तेरे पास आकर मैं मुस्कराया भी था।

कहीं जिन्दगी तेरे कदमों में छाया भी था।

कि कई ऐसी बातें तुमको सुनाया भी था।।

तुम समझते नहीं, गैर तुम तो नहीं।

अदावत में रहते खैर तुम तो नहीं।

पता ही नहीं राह में क्या-क्या हुआ।

जख्म दिल के अपने तुमको दिखाया भी था।

हम परेशान होकर तुम्हारे लिए, बस तुम्हारे लिए।

ढलते गए बदलते गए बस तुम्हारे लिए।

पलकों पर कहूं कैसे, क्यों निंद आती नहीं।

बस इस बात पर तुमको मिलने बुलाया भी था।।

अगर आज कह दूं राज हो गई है वयां।

वो जिन्दगी मैं हूं सफर में, तुम हो कहां।

समझ लो जरा, तुम जो अब तक थे समझे नहीं।

थे तुम निंद में, मैं पास आकर जगाया भी था।।

अदावत का क्या, फिर से कर लेना कभी।

जब मैं अकेला रहूं, तुम जख्म देना तभी।

धुं- धुं के जलता है मेरा उम्मीदों का शहर।

जिसे तुमने संग मेरे मिलकर सजाया भी था।।

6 इतिहास का वो पन्ना कोरा क्यों कर है

इतिहास का वो पन्ना कोरा क्योंकर है।

क्या कहता है कहीं है राज छीपा।

कैसे कह दूं कितनों का है आवाज छीपा।

इसके परतों में है कितनों का ताज छीपा।

कितने ही शहजादे का मूमताज छीपा।

कैसे पता करूँ, इसका पन्ना थोरा क्योंकर है।।

क्योंकर है इसके जज्बात अलग-अलग।

है जीत अलग और जीवन की हार अलग।

कुछ द्वादश बिंदु पर है इसके तो भाग अलग।

इसके पन्नों पर है वीरों का श्रृंगार अलग।

इसके लफ्जों में कितने महलों का सरताज छीपा।

हमें जरा बता दो, इसने पन्नों को खाली छोरा क्योंकर है।।

कहीं वीर की परिभाषा उपमानों में दी जाती है।

कहीं तो हैवानों की तुलना इंसानों से की जाती है।

क्योंकर सत्य-असत्य में है रेखा खिंची-खिची।

फिर तो क्योंकर मानवता की पूजा शैतानों में की जाती है।

देख भी लूँ, कही कल के पन्नों में हो आज छीपा।

हमें जरा समझा दोगे, कल से आज किनारा क्योंकर है।।

7 तू तो ठर्रा देशी लागे री

तू तो ठर्रा देशी लागे री, ठर्रा देशी लागे।

थोरी खनकाए कंगना, थोरी झनकाए पायल।

तू चंचल नैना वाली कर जाये बैरन घायल।

तेरी निगोरी झुमके ने कैसी आग लगाई।

फिर तो तेरे नैनों ने चुपके से सोर मचाई।

तू आवे री मतवाली, मेरे रातों की निंदिया भागे।।

तू इंगलिस- विंगलिस मा जो रानी बोले।

बैरन रे-मेरे कानन में मिश्री मीठी घोले।

आनन-फानन में मैं तेरे रंग-रंगा रे बालमा।

तू ऐसे जो बोले, मेरे मनवा खाए हिचकोले।

फिर बालम रे अपनी रात मिलन की आई।

तू मेरी प्यास बुझा दे प्यारी, मोहे प्रेम रोग है लागे।।

तू तो थोरी नशा करा दे अपना री बैरन रे।

तू थोरी मजा चखा दे अपना री बैरन रे।

अब तो चाहत का सैर करा दे बैरन रे।

मोहे तो कत्थक डांस करा दे बैरन रे।

पिया-पिया अब तो बज जाने दे चाहत की सहनाई।

तू थोरा हमें पीला दे ठर्रा, मेरी रतिया बीत रही जागे।।

तेरे घाघरे में जर दूँ हीरे तू पास मेरे जो आवे।

मैं कैसे तुझको समझाऊँ, तू दूर खडी तरपावे।

मैं चाहत के वीण बजाऊँ, तू नागन सी डंस जावे।

मोहे समझ परे ना और तू नैनन के तीर चलावे।

अब तू ही प्यास बुझा दे, तू ने ही प्यास जगाई।

तू होंठों की छलका दे मदिरा, मोहे नशा हुई सी लागे।।

8 लगन रख ले मुझसे पिया बरकरार

लगन रख ले मुझसे पिया, बरकरार।

पिया रख ले बरकरार लगन मुझसे।

शीने में जलन पिया, लगी है लगन पिया।

मैं तुझमें मगन पिया, करता हूं जतन पिया।

हर घडी, मुझको परी है तेरी आरजू।

करता रहा हूं मैं तेरे नाम का रटन पिया।।

नुमाइशें यूं जो करने लगी हो इश्क का।

नुमाइंदगी करने लगा हूं मैं तेरा ही तेरा।

फरमाइशें भी तू करने लगी हो हसरतों का।

अदायगी करने लगा हूं मैं हूं तेरा ही तेरा।

पल-पल तू करें है बालमा जो जुस्तजू।

करता रहा हूं मैं तेरे नाम का भजन पिया।।

इश्क में तुने जलाया है मुझे इस कदर।

आ भी जाओ तो जरा बांहों में हमसफर।

मैं बहका-बहका हुआ और तेरी उलझी नजर।

थाम लूं आ जा पास में वो मेरे राहबर

हर पल तू करें है ऐसे इश्क की बनी आवाज तू।

कैसे अब तो बुझाऊँ इश्क की जो लगी अगन पिया।।

तुने होंठों का असर है नशा चढने लगा है।

जबसे तुम करीब हो, बेचैनियां बढने लगा है।

कुछ तो खास असर सा जगने लगा है।

नादान बन ही जाऊँ, नादानियां बढने लगा है।

मैं खोया-खोया आहिस्ता से अब तुझे क्या कहूं।

मैं तेरा सरताज हूं तू ही मेरा है लगन पिया।।

9 निर्णय वो कर लेता शायद तो

निर्णय वो कर लेता शायद तो।

पथ को मिल जाती चेतनता।

फिर से जीवंत होता सलील प्रवाह।

जिसका था जन-जन को चाह।

पर वो स्वभाव में ढल ना सका।

अपने हृदय की तस्वीर बदल ना सका।।

वो था किंचित थका हुआ ऐसा भी।

जैसे बहती नदी की धारा रुक-रुक जाती हो।

व्यथित हुआ था वो जो था अनुचित भी।

जैसे कि लगी आग प्रलय रुप बनाती हो।

पर वो खुद से खुद को छल ना सका।

अपने ही शतरंज पे वो चाल को चल ना सका।।

निर्णय वो कर देता तो क्या से क्या हो जाता।

शायद यह भी होता गरल सुधा सा हो जाता।

मन की करवाहट कहीं राह में खो जाती।

जीवन में फैली दुविधा का जाला खो जाता।

पर वो खुद के ही बनाएँ लीक पर चल ना सका।

शायद तो वो खुद ही से जल ना सका।।

आज व्यथित होकर भी वो कैसे कदम बढाएगा।

जो तस्वीर पुराना है कैसे वो आज जलाएगा।

कैसे वो बतलाएगा कि बताने की बात ही काफी है।

हार भी जाए तो खुद को कैसे समझा वो पाएगा।

पर वो खुद की ही परछाईं में ढल ना सका।

आया हवा का झोंका और वो संभल ना सका।।

10 इश्क समंदर में डूब गया मैं डूब गया

इश्क समंदर में डूब गया, मैं डूब गया।

बालमवा रे मेरा तन मन भावे साजना ।

बालमवा रे तू ऐसे जो शर्माव साजना।

बालमवा रे मोहे अब चैन ना आवे साजना।

तू हौले-हौले आजा, मैं ने खुला रखा दरवाजा।

मेरा धड़कन तू धड़का जा, थोरा धीरे-धीरे आजा।।

जोबन की तेरी ठाठ अजब सी सहेली।

तू लागे रे जैसे कोई टेढी सी पहेली

सुन वो चतुर नार, तू लागे मोहे नई नवेली

जमनवार रखवाया है हमने अपनी हवेली

तू जरा धीरे-धीरे आजा, तू कंगना को खनका जा।

मोहे होंठों से नशा करा जा, थोरा धीरे-धीरे आजा।।

आई चांदनी तू भीग गई वो सांवरी।

तूने तिरछी नजर जो हम पे डारी वो सांवरी।

मैं बन बैठा तेरा पुजारी वो सांवरी।

तेरी तो चितवनियाँ है लाख हजारी वो सांवरी।

तू नैनन को मटका जा, तू तो धीरे-धीरे आजा।

मोहे चाहत का रसपान करा जा, तू धीरे-धीरे आजा।।

पिया तुमने घूँघट पट डारी रे कैसे मिलाए नैन।

तू चंचल-चंचल नैनन को मारी चुराए चैन।

तेरे कहने की मीठी-मीठी मादकता भरे तेरे वैन।

गोरी मेरी तो कैसे कटे अब मादक रैन।

तू शाम शहर में छाजा, मोसे नैन लडा जा।

मोहे तो थोरी सी जलपान करा जा, तू धीरे-धीरे आजा।।

11 बैतरनी वो बैतरनी पिया बैतरनी

बैतरनी वो बैतरनी पिया बैतरनी।

पिया तेरे इश्क की है बैतरनी।

तेरे हुस्न के सवाब में डूबा पिया।

तू डूबा दे मुझे मैं तेरा दिलरुबा पिया।

मैं इधर-से उधर भटका करूं।

दे-दे सहारा सफर है तय करनी।।

इधर से उधर मैं पिया जाऊँ किधर।

मैं अंजाना हूं और तेरा जालिम शहर।

उसपर तेरा हुआ पिया ढाना कहरा।

फिर जो इश्के वयानी में तेरी नजरा।

तू माने नहीं पिया रे अब का करूं।

मुझे तो ले-ले बांहों में खले तेरी कमी।।

अब तो जनून में हूं कुछ कर जाने दे।

कर भी हौसला मुझे निखर जाने दे।

तेरे करीब आऊँ मैं तू मुझे संबर जाने दे।

लवो को मिलाने दे तू, मुझे गुजर जाने दे।

जब भी देखूं पिया तेरे हुस्न को मैं आहें भरूँ।

मैं तेरे लिए तेरा हूं तू मेरे लिए बनी।।

आज हो जाने दे वो सारी बातें आराम से।

अब तो खुद ही बता जरूरतें तेरी है शाम से।

मुझे तेरा ही होना दिल गया काम से।

फिर क्यों घबड़ाए पिया ऐसे इल्जाम से।

थोरी मेरी ख्वाहिशें जवां है बस तेरे लिए डरूँ।

अपना बना भी जानिया मेरे दिल की जमीं।।

12 तुमने तो सिर्फ कहा है होंठों से

तुमने तो सिर्फ कहा है होंठों से।

तुमने बस एक खिलौना तोरा है।

तोर भी देती शायद तुमने हंस करके।

दिल टूट के मेरा भी हंस देता।

माकूल नहीं है तेरे उलफत का।

तुमने तो अब तक रोना नहीं छोरा है।।

तेरे हरकत की स्याही से मेरा अंग रंगा।

मैं तेरे ही रंग रंगा तेरे लिए उमंग रंगा।

कुछ ख्वाब बनाकर दिल के तेरे संग रंगा।

मैं अब तो तेरे ही उलफत के ढंग रंगा।

मुझे एतबार नहीं तेरे हरकत का।

मैं तंग-तंग हुआ जो मुझे सुनसान राह में छोरा है।।

तेरे नयनों की ऐसी कठिन पढाई।

मैं ने तो तुम संग किया प्रेम सगाई।

फिर तुने जो प्रीतम ऐसी लगन लगाई।

अब तो चैन नहीं रे महंगी परी जुदाई।

मुझे इनकार नहीं तेरे हसरत का।

प्रेम का जोग जगा कर के दिल शीशा सा तोरा है।।

अब तो कह दे कैसे तेरी तस्वीर बनाऊँगा।

टूटे दिल का क्या होगा कैसे मैं बतलाऊँगा।

जगी प्रेम की ज्वाला से किसको आग लगाऊँगा।

कैसे प्रेम भुलाकर मैं खुद से ही मिट जाऊँगा।

फिर पल-पल बढता नशा तेरा जो शोहरत का।

मुझको पथ में बिखरा करके तुने दामन जो छोरा है।।

13 तू इन सुर्ख लवो को चुमने दे

तू इन सुर्ख लवो को चुमने दे।

थोरी तो मदिरा को ढूँढने दे।

मोहे अब दिल की बात बताने दे।

आ पास जरा अब मिट जाने दे।

थोरी-थोरी हरकत में तेरा तमाशा रे।

चस्का जग गई रे अब बांहों में झुमने दे।।

पिया तेरे यौवन की मादकता।

असर करें अजी असर करें है रे।

पिया है जो तेरे हुस्न की शीतलता।

जिया आग जले अजी जिया जले है रे।

मेरी थोरी-थोरी बातें सुन वो मेरी नताशा रे।

तेरे प्रेम की आँगनियां मुझको घुमने दे।।

आज ही इश्क हुआ है बैरन तुमसे।

मैं ने अपने दिल में चर्चा करवाया।

तेरे हुस्न में बस गोता है अब लेना।

अजी मेरा खैर ना रे मिलने तुझे बुलाया।

तुम तो बस प्रेम की बातें सुनले यार जरा सा रे।

खोया-खोया हूं मैं दिल में अपने डुबने दे।।

अजी इश्क में घायल हूं है तेरे हुस्न का पहरा।

तेरी बातें सुनता जाऊँ मैं जो दीवाना ठहरा।

पढूं रोज ही ध्यान लगा कर तुने जो लिखी किताबें।

तुम समझे जो ना मुझे इश्क में नशा चढा है गहरा।

अब मोहे चैन ना आवे, तू देना दिलासा रे।

उठी पवित्र इत्र की लहरी, यार जरा सा सुंघने दे।।

14 थोरी-थोरी बोतल में, थोरी-थोरी प्याले में

थोरी-थोरी बोतल में, थोरी-थोरी प्याले में।

थोरा-थोरा तेरे होंठों का मधुरस छलका।

सोंड्या तेरा नशा भी चढा है हल्का-हल्का।

थोरी तेरी हरकत पिया-तेरा नशा भी छलका।

मोहे पीवा देगी, रब की रहमत पावेगी।

मोहे पीला दे री शहर में नाम कमावेगी।।

मैं मांग-मांग के हारा मधुबाला जाम पीला दे।

अब तो थोरी-थोरी नैना मेरे संग उलझा दे।

मैं तोरी पुजा करता, बैरन तू चारों धाम दिखा दे।

मेरे संग तू आजा और थोरी जाम बढा दे।

तू जो नैना मटकावेगी, हमसे उलझ ही जावेगी।

मोहे आज जीला दे री, शहर में नाम कमावेगी।

मुझे लगी नशा की आदत गोरी कैसे तोहे मनाऊँ।

तेरी अल्हर सी हरकत, इसमें कैसा रंग मिलाऊँ।

थोरी-थोरी नशा है तुझमें आजा वे तेरे होंठों पे छाऊँ।

तू संग मेरे जो झुमे मैं अपने सोए अहसास जगाऊँ।

तू जो कमरिया ऐसे लचकावेगी, मुझसे उलझ ही जावेगी।

मुझे आज जगा दे री, शहर में नाम कमावेगी।।

तू जान रही है मुझको, मै तेरे मादकता का आदी।

तेरी घनी-घनी है जुल्फें, अब मेरा होने दे बर्बादी।

तुने आज गली में आके मेरी तो सोई प्यास जगा दी।

अब तू ही बुझाए इसको, बैरन तुने कैसी आग लगा दी।

तू फिर ऐसे मचल ही जावेगी, मोरे जिया जलावेगी।

मोहे पिया तू बांहों में झुला दे री, शहर में नाम कमावेगी।।

15 मैं ने देखा जीवन रण में

मैं ने देखा जीवन रण में, आती-जाती मन झुलसाती तेज हवाएँ

थम-थम कर देखो, क्या-क्या समझाती व्याकुल हुई दिशाएँ।।

कल तक तो राहें समतल था, मैं बढता था गीत खुशी के गाता।

आज धुंध सा छाया है जो पथ पर, घिर-घिर आए घनघोर घटाएँ।

कल तक तो हम स्वच्छंद वेग से, बढ़ते जाते थे पथ में ऐसे।

आज कैद सा हुआ है मन भी, हारा मन पथ पर धैर्य कहां से लाएँ।

कल तो जीवन कल-कल झरने सा बहता था, निर्मल सी थी धारा।

आज तो मन उलझा जीवन के रण में, हमें सत्य कौन समझाएँ।

कल तक खिलता सा लगता था जीवन, रंग-रंग के फूल खिले थे।

आज जलजला सा लगता है ऐसा, व्याकुल मन को क्या समझाएँ।।

मैं ने देखा जीवन रण में, कर्म भाव की आड़ी-अवली रेखा।

कदम ताल तो टूटा जीवन का, रंग हीन जीवन है मन कैसे बहलाएँ।।

मैं कहता हूं कर्मवीर हूं, लड़ लूंगा पथ पर अभी विश्वास ना छोड़ा।

बढ जाएंगे- झंझा वात से टकराएंगे, बढ जाएंगे पथ जहां ले जाएं।।

16 दूर गगन में तेज पुंज

दूर गगन में तेज पुंज, जीवन के पथ पर है देता जीने का आधार हमें।

नहीं डरना है हमको किंचित भय से, नहीं करना है हार स्वीकार हमें।।

किंचित भय ने फैलाया साम्राज्य अ-घोषित है, व्याप्त हुआ जन-जन में।

पर मैं भी तो मानव हूं, चलना है जीवन पथ पर, नहीं हार कभी स्वीकार हमें।।

लड़ लेना है हमको तो दुविधा से, किंचित सुविधा छीनती है तो छीन जाए।

फिर प्रकाश आएगा नव जीवन का, हूं रथी है लड़ने का अधिकार हमें।।

कौंधा है क्या? हुआ है क्या? कैसी विपदा आई है जो मानवता पर भारी है।

हम रण में है प्रण लेकर जीवन का, जब तक जीवन है करना है प्रतिकार हमें।।

कदम मेरे थम ना पाए, ना डिगे राह में हम, चाहे घनघोर अँधेरा क्यों ना हो।

जीतेंगे यह तय है-मन में ढृढ निश्चय है, सच नहीं सहना मानवता पर प्रहार हमें।।

आज धुंध है पथ में जो, कल फिर से उजाला होगा, खिल उठेंगे जीवन के पल।

जीवन की कल-कल बहती नूतन धारा में, भरना है मधुरिम रस धार हमें।।

फिर कल उदीयमान नभ में सूरज, नभ गुंजित होगा जीवन रस कोलाहल से।

हार नहीं-नहीं भय मैं किंचित आज करूं, चेतनता को कहना है आभार हमें।।

17 मैं इश्क में हूं

मैं इश्क में हूं तेरे लिए, थम सा गया हूं तेरे लिए जिन्दगी चाहतों में।

तू नासमझ ना बन, बर तरफ ना कर मुझे इश्क की आजमाइशों से।।

हद तलक तेरी चाहतों की जंजीर में बंधा हूं, जुड़ा हूं तुमसे डोर से।

मिला ले नजर मुझसे वो मेरे हमसफर, ऐसे ना दूर कर गुंजाइशों से।।

अभी-अभी तो मैं ने चाहतों में कसमें खाई है, संग-संग में तेरे पिया।

तेरा हो जाए रहमी नजर, ऐसा हो इश्के असर रहूं तेरे फरमाइशों में।

रातों को जगा हूं देर-तलक, देखा है तुम्हें चाँद के संग में सनम।

भूल जाना यूं तो तुम्हें मुमकिन नहीं, अब तो जीने दे मुझे गुंजाइशों में।।

तेरी नजर से हो रहमतों की बारिशें, हमसफर कर नजर मुझपर जरा।

कोई ठिकाना मिलता नहीं जाऊँ कहां, समझा अपनी समझाईशों से।।

तेरे बिना खाली-खाली सा हूं, जी ना सकूंगा तेरे बिना वो साथियां।

मैं सहमा-सहमा हूं चलते सफर, कर दे आशियां अपनी गुंजाइशों में।।

धड़कते दिलों से करता गुजारिशें, तेरे लिए खुदा से करता सिफारिशें।

जीने दे जिया मुझे, बर तरफ ना कर यूं सनम इश्क की फरमाइशों में।।

18 अबीर गुलाल रंगे रंग रसिया

अबीर गुलाल रंगे रंग रसिया, मोहे तो रंगो पिया अंग-अंग रसिया।

लाल रंगो-गुलाल रंगो, चाहत में रंगो, ऐसो रंग बबाल रंगो मन बसिया।

आयो फाग जिया बौरायो, लगी प्रीति मन में, उठे लहर अंग-अंग में।

ऐसो तो रंगो जिया-मोहे ऐसो तो रंगो पिया, मोहे गुलाल रंगो रंग रसिया।।

आयो फाग कोयलिया बोले, चहके बाग अमवा महुबा की डलिया डोले।

मोहे तो रंगो-अंगे अंग पिया उमंग रंग रंगियों, मोहे रंगो मेरे मन बसिया।।

आयो फाग-अरी फागुन में-जिया बौरायो, पिया जिया बौरायो-जिया बौरायो।

मेरी बाली रे उमर-बहके जिया वो रे पिया, ऐसो तो लगा गुलाल रंग रसिया।।

मैं बौराए गयो रे पिया, आए गई तेरी गलियाँ, संग अबीर-गुलाल की झोरी भरी।

मेरो मन फड़के -पिया तन फड़के रंग रसिया रंगो मोहे अंग-अंग रसिया।।

जिया फागन में पिया जिया धड़के, रंग उड़े-गुलाल उड़े, ऐसो रंग कमाल उड़े।

रंगन में भीग रहा तेरे संग-संग झुम रहा, मोहे तो बबाल रंग रंगो मन बसिया।।

अबीर गुलाल कमाल-कमाल लाल ही लाल चढा मुझपर, मैं बौराए गयो रे पिया।

मोहे तो रंगो पिया-ऐसो तो रंगो पिया, आयो फागन फाग रंगो रंग रसिया।।

19 जलजला सा है आज-कल

जलजला सा है आजकल कुछ तो, जल रहा है आशियां।

धुआँ -धुआँ सा जिन्दगी, चैन तो लगा है निलाम सा हो गया है।।

राह प्यासी है लहू की, है जलजला, हर कोई कफन ले के चल रहा।

लगता शहर में तूफान आया है, सड़क अब तो वीरान हो गया है।।

कुछ तो असर है वादियों में, वे-असर है फरियाद भी जीवन का।

कुछ जहर बांटता फिर रहा हर कोई, अपना शहर श्मशान हो गया है।।

हर तरफ चीत्कार है, खून है-खून है, है हुआ तेज सा हथियार है।

जानता है कौन क्या हुआ है यहां, आज ऐसा अंजाम हो गया।।

फिसलन भरी राह अब तो होने लगा है, कौन है जो खोने लगा है।

ऐसी तो जहालत है कौम की वकालत है, आग का इंतजाम हो गया।।

गली-गली में शोर सा है, आया है जलजला, मनाए कोई करवला।

चीत्कार है-दुत्कार है, मानवता बीमार है, आज कहीं शाम हो गया।।

बेचता वो चैन को-कोई जलजला लाता बाजार से, यूं तंग है व्यापार से।

जलजला सा हुआ है एहसास भी, महंगी हवा है, शहर बेईमान हो गया।।

20 पानी-पानी है फानी दुनिया

पानी-पानी है ये फानी दुनिया।

ओ मौला रे है कई रंग इसके।

जो जैसा है वो वैसा ही दिखता।

चाहे तो कितने मिले संग इसके।

वो पानी रे सच तेरा अपना रंग नहीं रे।

बहता है तू ऊँचे -नीचे, तेरी राहें तंग नहीं रे।।

समतल-समतल तू जब चलता है।

हरियाली को इक संबल मिलता है।

ऊँचे से नीचे को जब तू ढलता है।

बन कर कल-कल झरना तू खिलता है।

वो पानी रे सच तेरा चलना और कहीं रे।

कहती धारा निर्मल तेरी, तेरी राहें तंग नहीं रे।।

सच तेरा अपना ना कोई पराया।

ना किसी से धोखा, ना ममता-माया।

ना मतलब है, तेरी धारा बहती निर्मल है।

नहीं दुनिया का मोह-राग तुम पर है छाया।

वो पानी रे सच तुमको किसी की परवाह नहीं रे।

अपना तेरा रूप-रंग नहीं है, तेरी राहें तंग नहीं रे।।

वो पानी रे जरा तू मुझको ये समझा जा।

वो पानी रे कौन है तुझ सा जरा बता जा।

दुनिया की बातें कितनी तो राज भरी है।

वो पानी रे मुझको दुनिया-दारी सिखला जा।

वो पानी रे सच चलता तेरे संग कोई नहीं रे।

एक राग में बस तू गाए, तेरी राहें तंग नहींरे।

21 यूं मौन रहो जो तुम

यूं मौन रहो जो तुम।

थम जाएगी नदियों की धारा।

बदलेंगे रुख गगन में बादल भी।

ना आएंगे नील गगन में तारा।

हे मृदुभाषिनी अब बोल भी दो।

होंठों पर परे ताले खोल भी दो।।

यूं मौन रहो जो तुम।

बादल भी गरजना भूल परे।

मेरे अरमाणों पर बरछी शूल परे।

मेरे अँखियन में भय के धूल परे।

सच कहें हम प्रेम की पाती भूल परे।

हे प्राण प्रिय अपनी वाणी बोल भी दो।

होंठों पर परे ताले खोल भी दो।।

यूं मौन रहो जो तुम।

मेरा तो होली जले सजे अरमाणों की।

यूं तुम जो देख रही अंजानो सी।

मेरा हालत ऐसा है दीवानो सी।

जो प्रिय तेरी सांस चले तूफानो सी।

मुझपे प्रिय प्रेम पतीला यूं ढोल भी दो।

होंठों पर परे ताले खोल भी दो।।

यूं मौन रहो जो तुम।

सजदे में हूं तुम्हारे प्राण प्रिय।

तेरे लिये अपने हथेली जान लिये।

तुम्हे मनाने को प्रण ठान लिये।

कदमों में तेरे मान लिये-सम्मान लिये।

मेरे मन में तुम वाणी के रस घोल भी दो।

होंठों पर परे ताले खोल भी दो।

22 प्रेमरस की कविता

प्रिये प्रेम रस भीग -भीग।

म्हारा तो पिया जिया बौराए गयो।

मैं ना कहीयों कहे बालम मेरे नैना।

प्रीति प्रेम की पगदण्डी, आबे ना रे चैना।

मैं ना कहीयों, पिया रे मैं ना कहीयों।

तू बाबरी वो म्हारे मन में रहीयों।।

संभले से ना लागे जिया, वो मेरे पिया।

का से कहुं वैरना, मोहे नींद ना आवे रैना।

तू प्यारी मन की भोरी, जल जावे जिया।

वो साजना रे, तैने गिरवी राख लई चैना।

वो बाबरी मैं तेरे बीन अब ना रहीयों।

बस तू प्यारी प्रेम महर बदरा बन छईयों।।

अब ना जी, तेरे बीन अब जी ना लागे।

ऐसों तो मैं चातक बन बीन बदरा के प्यासा।

तेरी निगोरी पैजनिया बिजली बन चमके।

तू थम भी ले मेरे दिल बीच माही जरा सा।

मैं चातक, मन मेरो चातक तू प्रेम राग तो गईयों।

वो सजना रे तू म्हारे प्रेम रंग रंग जईयो।।

23 जिन्दगी तू बता दे सही

जिन्दगी तू बता दे तो सही, मैं जाऊँ कहां, जाऊँ किधर।

वो राह कौन सा है, कौन सा साथी है, है वो कैसा डगर।।

मैं आजकल तो उदास- उदास हूं, एहसास हो तो सही तुम्हें।

तू ईमानदार बन भी जा, बन जा मेरे वो तुम्हीं तो हमसफर।।

मैं नादान हूं-हां मैं नादान हूं, ना जाने तेरी हरकतों से परेशान हूं।

अब तो तुम्हीं बता दे मेरे जिन्दगी, मैं जाऊँ कहां-जाऊँ किधर।।

हैरानीयों में मैं हूं आजकल, फिसलने लगा है तू हाथों से जो।

तू मुझे हैरान ना कर इस कदर, आ मेरे जिन्दगी तू मुझको नजरा।।

बेताबियां है आजकल मिलना है तुझे, बेताब सा हूं धड़कन लिए।

शायद इसी एहसास के लिए जिन्दगी तू बन भी जा रहबर।।

आज इश्क की हरकतें कितनी होने लगी है, जिन्दगी तेरे लिए।

इक ख्वाब को हूं दिल में लिये, वो मेरे जिन्दगी तू मेरे लिए ठहरा।।

जिन्दगी तू बता दे तो सही तू है कहां, नजर मुझे तुम आते नहीं।

नादान दिल चाहतें लिए मौन है, तू रुकना तो दो घड़ी-दो पहरा।।

बेताब सा हूं इश्क में, चलने लगा हूं चाहतों की पगदंण्डियों पे।

तू मिलने भी आ जाना पिया वैरना, तुमसे मिलन की बेताबियां है।।

अभी चाँद आया है मेरे आँगने में, वो पिया छुप के तुम्हें देख लूं।

तू छाना बलमा जो मदहोश होकर, करने देना जो नादानियाँ है।।

हरकतें इश्क में रिश्क लूं, कर लूं हरकतें बहका-बहका सनम।

करना सितम ऐसे मुझसे सनम, कहना चाहूं दिल में बेबाकियाँ है।।

आज तो इश्क का लिहाफ ओढ लूं, धीरे-धीरे तेरा हो भी जाऊँ।

तेरे जुल्फों की वादियां घूम लूं, सनम हूं तेरा मेरी गुस्ताखियाँ है।।

तू ओढ के लाली चूनर आ पिया मेरे आँगना, चाँद खिलने लगा।

कांटा सा मेरे दिल में चुभा इश्क का, तेरे लिए बढी बेकरारियाँ है।।

शाम से तेरे लिए दिल के सेज पे, करीने से लगाया गुलदस्ता पिया।

धीमी सी भी आहटों से बेचैन हूं, दिल में समाई हुई हैरानियाँ है।।

तू बलमा मेरा, हूं बेताब सा तेरे लिए बिखर ना जाऊँ तेरे इश्क में।

तू सजाना सही मेरे इश्क को बन के बागवा, तेरे लिए बेताबियाँ है।।

25 मैं- मैं ना रहूं जिन्दगी

मै-मै ना रहूं-ना रहूं जिन्दगी कल, पता भी तो नहीं कहां तक जाता है सफर।

शहर-शहर दीवार ही दीवार है, कह तो दूं याद में मैं रह जाऊँगा।।

तेरा जो अगर फैसला है, दूर-दूर हो जाने क्यों, जाने क्यों फासला है।

डगर-डगर है उलझनें क्यों, कह तो दूं कैसे मैं पता कर पाऊँगा।।

मैं आजकल उदास- उदास सा हूं, जिन्दगी तेरे आसपास ही तो हूँ।

इधर से उधर उलझा भँवर सा है, कह दूं कैसे यादों से मिट पाऊँगा।।

जिन्दगी तू दो कदम बढ तो मेरी तरफ, रखना जरा तो जिंदा यादों में।

यहां से वहां तूफान है हर इक तरफ, कह तो दूं कैसे मैं संभल पाऊँगा।।

मैं रहूं ना रहूं कल तलक जिन्दगी, मेरी याद जो रहे तेरी याद में।

धुआँ- धुआँ सा आने लगा है नजर, कह तो दूं कल को कहां पाऊँगा।।

यह फासलों का है शहर, समझ लूं मैं इसे जो दिल मेरा यूं हैरान है।

यहां से वहाँ रिश्तों का बाजार है, कह तो दूं ऐसे में बिखर जाऊँगा।।

मैं रहूं ना रहूं सफर चलता रहेगा, उलफत में यूं ही तो जलता रहेगा।

मेरी नजर को जिन्दगी तेरा इंतजार है, कह तो दूँ फिर नजर आऊँगा।।

26 मैं-मैं ना रहा अब तो

मैं-मैं ना रहा अब तो, तुम जब से मुझको मिले कृष्णा।

मैं अब तो जपने लगा तुमको, मन की मेरी मिटने लगी तृष्णा।।

तुम तो बनबारी हो, हे श्याम सुन्दर तुम गोवरधन गिरधारी हो।

जब से तुमसे मैं ने प्रीति लगाई है, मन की मेरी मिटने लगी तृष्णा।।

राधा तेरी प्यारी है-तू राधे का प्यारा है, हे बनबारी नटखट तू जशुदा का दुलारा है।

नटबर नागर मैं जबसे मिला तुमसे, मन की मिटने लगी तृष्णा।।

तू नंद दुलारा है, हे ब्रज के बासी मनमोहन, मेरी बिगरी बना देना।

तेरी कृपा की झरी लगने लगी जबसे, मन की मेरी मिटने लगी तृष्णा।।

तू बांका सा छवीला है, लीलाधर तू गोकुल का गोपाल मुरारी है।

मैं तो आया दर पे तेरे जबसे, मन की मेरी मिटने लगी तृष्णा।।

तू ब्रज का मनमोहन है, सांबरिया पनघट पे मुरली को बजा देना।

मैं ने जब से तुमसे आश लगाई है, मन की मेरी मिटने लगी तृष्णा।।

अब कैसे मैं सुनाऊँ तुमको, हे बनबारी तुम तो दीनन के रखबाले हो।

सांवरा मैं ने तुमको समझ लिया अपना, मनकी मेरी मिटने लगी तृष्णा।।

27 हे राम तेरा नाम है प्यारा-प्यारा

हे राम तेरा नाम है प्यारा-प्यारा, रहते जहां हो वो धाम है प्यारा-प्यारा।

हे धनुआ धारी कौसल्या के दुलारे, होंठों का मुस्कान है प्यारा-प्यारा।।

तेरी अदा पर मैं वारी जाऊँ, हे राम तेरे ही गुण को नित ही मैं गाऊँ।

तू जो नित धनुआँ उठाए, क्या कहूं राम है तेरा जो नाम प्यारा-प्यारा।।

सबरी के गुण लाऊँ कहां से, भोग तुमको प्यारा है, खिलाऊँ कहां से।

तू अनोखा है, अनोखी तेरी प्रीति है, तेराहे राम हरिनाम प्यारा-प्यारा।।

मैं नासमझ हूं गर सही, तू तो दिनदयाल है, भक्त का तू ही प्रतिपाल है।

तू ने जटायु को है जैसे तारा, वैसा ही तेरा है गुणगाण प्यारा-प्यारा।।

मैं तुम्हारा हूं-तुम हमारे हो, कहता है वेद तुम दशरथ के दुलारे हो।

मैं तुम्हारा नाम जप लूं, मैं तुम्हें निस्काम जप लूं, है तुम्हारा नाम प्यारा-प्यारा।।

हे राम तेरा दरबार प्यारा है, लगी लगन मेरी तेरा घर-बार प्यारा है।

श्यामली सूरत तेरी-तेरा श्रृंगार प्यारा है, तेरा गुणगाण प्यारा-प्यारा।।

हे राम तेरा नाम जो अनमोल है, कह रहा हूं मैं तेरे मीठे-मीठे बोल है।

हे धनुआँ धारी कौसल्या के दुलारे, तेरे होंठों पे मुस्कान प्यारा-प्यारा।।

27 B किसको मैं कहूं अपना

किसको मैं कहूं अपना, जीवन की नैया खाए रही हिचकोले।

जाऊँ कहां मैं मोहन, वो प्यारे गिरधर, मेरे श्याम सुंदर बनबारी।।

मैं ने तो दर-दर भटक कर देखा, ना बदली मेरे किस्मत की रेखा।

मिली निराशा मुझको, हे गिरधर, मैं ने नजर जहां-जहां पे डारी।।

मैं ने तो जग की बराई कर देखी, फिर तो ऐसे हार गया खुद से।

यहां-वहां है-जहां-तहां है भुल-भुलईया, मेरी मति गई है मारी।।

मैं ने जाना नहीं था जाना किधर है, पता चला ना ये कैसी डगर है।

मैं फंसा भँवर में ये जग का असर है, सुनले मेरे श्याम सुंदर बनबारी।।

अब तो जाना कहां है तुही बता दे, कौन है अपना तू तो मिला दे।

वो सांबरिया बँसी के धुन तो सुना दे, आजा अब मेरे गिरधारी।।

कंदब के छैया आजा कन्हईया, तूं भोला-भोला जशूदा तेरी मैया।

मेरा मोहन तू गैया चराए, मैं तेरा हूं तेरे शरण में आ जाओ बनबारी।।

किसको मैं कहूं अपना, जग नहीं अपना लगे, सब सपना लगे।

जाऊँ कहाँ मैं मोहन, वो प्यारे गिरधर, मेरे श्याम सुंदर बनबारी।।

28 बोल भी दे दिल की बात को

बोल भी दे दिल की बात को, दिल की जूवाँ कर दे वयां।

कह दे तो कोई कहानियां, हम मिले-तुम मिले शाम ढलते-ढलते।।

मैं तेरे चाहतों में हूं, तेरा ही तो हूं, तेरे हरकतों का मुरीद हूं।

तू इतबार से इकबार तो देख ले, इकबार थाम ले सफर चलते-चलते।।

भुमिकाएँ आजकल तो कई निभाने लगा हूं, सनम तेरा होते-होते।

मिरी बेकरारिया और दुश्बारिया, मैं चल रहा इश्क में जलते-जलते।।

बोल भी तो दे आज की बात को, इश्क की हरकतें हुई कैसे-कैसे।

कहने की बात कह दे साथी, मुझे ईंतजार है करवटें बदलते-बदलते।।

ख्वाबगाह में कबसे मैं तेरी तस्वीर सजाए बैठा हू, तेरा होने के लिए।

तू इक बार सही करना इनकार नहीं, थाम भी ले ख्वाब पलते-पलते।।

बोल भी दे दिल की बात बेबाकियों से, आँखो की जूवां बोल भी दे।

आए सुकून दिल को इकबार तो, मुझे है तेरा इंतजार चलते-चलते।।

बोल भी तो दे वहीं बात, जो कई बार कह चुकी हो, इश्क के नाम भी।

जरातो इन्तेजाम करमेरे शौकका, यूं बेकरार कर तूफान टलते-टलते।।

29 बदल-बदल कर कई बार तो देखा

बदल-बदल कर कई-कई बार तो देखा।

फिर भी ना बदली जीवन की आडी-टेढी रेखा।

जाना भी पहचाना भी, जीवन के कुछ पल अंजाना भी।

समझ सका ना फिर भी जीवन के उतरार्ध की रेखा।।

दूर-दूर से आते-जाते बादल से फिर मैं ने पुछा।

पुछ-परछ में तो पता चलें, जीवन के पल क्यों है रूठा-रूठा।

जान नहीं पहचान नहीं, सच कहता बादल अंजान नहीं।

मुस्करा कर बोला बादल ने, मैं ने तुमको नहीं है देखा।।

मैं पुछ ही बैठा बागों से, अध-खिलते हुए कलियों से।

जीवन के रंग बता दो, मैं ने पुछा छाई हुई रंगरलियों से।

खिलती हुई कलिया मुस्काई, लेकर के यूं अँगडाई।

फिर बोली वो बल खाकर, मैं ने तुमको कहीं ना देखा।।

मैं फिर उलझा उलझण में ऐसा, पुछा पथ में जाते राही से।

कहते-कहते डर बैठा, खूद ही तो खूद की परछाई से।

अँबर में छाया घना था बादल, राही यूं बोला बल खाकर।

सच-सच मैं तुमको बतला दूं, पथ में तुमको कहीं ना देखा।।

30 श्री राम हरे-हरे राम हरे

श्रीराम हरे, हरे राम हरे, मेरे राम हरे, तेरा नाम है अमृत सा।

मेरे कब के सोए से भाग्य जगे, हे राघव सुखधाम हरे।।

मोल मिले ना मिले इस जीवन की, मोहे कौडी की चाह नहीं।

हे राघव तुम विन औरन की परवाह नहीं, सीता पति सुखधाम हरे।।

लालसा मैं ने छोर दई है महलन की, अब तेरी कृपा बस मिलजाए।

हे रघुबर मेरे जीवन वगिया खिल जाए, धनुआ धारी अभिराम हरे।।

तेरे नाम की प्यास जगी मन में, परा मैं रहूं तेरे चरणन में।

ले भी लो प्रभु अब मोहे शरणन में, हे भक्त वत्सल सुखधाम हरे।।

कल तक तो मैं वन-वन भटका था, तपता ही रहा जीवन रण में।

अब आया हूं तेरे कृपा की तरु छाया में, हे भक्तो के सुखधाम हरे।।

मेरे राम हरे, श्रीराम हरे, हे करुणाधर विनती सुनलो सीता के पति।

जो केवट को पिलाई चरणन सरिता, मोहे भी पिलादो सुखधाम हरे।।

अब मन मेरे तेरे चरणन की चाह बढे, प्रीति बढे नित अनुराग बढे।

मेरे मन की तृष्णा तो मिटा दो रघुबर, हे राघव सुखधाम हरे।।

31 भुल जाओ ना ऐसे मोहे राम लला

भुल जाओ ना ऐसे मोहे राम लला, ना ऐसो चरणन सो दूर करों।

जाऊँ कहां मैं किस के द्वारे, मोहे ऐसो ना मजबूर करों।।

देखा अब तक था जग भर को, खूद सब भटक रहे थे पथ में।

मैं जग से हारा आया तेरे द्वारे, मोहे ऐसे सरणन से ना दूर करों।।

मैं-मैं में कल तक तो मैं अटका था, रामलला मति मेरी गई थी मारी।

हुआ सबेरा मन में जब आया तेरे द्वारे, अब तो करुणा हुजूर करों।।

मन की मैल धोया था ना कबसे, पथ में था कबसे भूला-भटका।

आज सुधी मेरी ले-लो हे धनुआँ-धारी, मोपे कृपा तो जरूर करों।।

कल तक तो मैं धन की अभिलाषा में, खूद को था लपटाया।

अब काम ना आई माया जगत की, रामलला मेरी विपदा दूर करों।।

कल तक तो जो अपने से लगते थे, आज तो दूर हो गए सारे।

रामलला अब एक तुम्हीं लगते हो अपने, मोहे चाकर में हुजूर करों।।

जैसे तुम थे वन-वन में भटके, मैं भी तो तेरी माया में भटका हूं।

आया तुम्हारे दर हे कौसल्या नंदन, जाने को ऐसो ना मजबूर करों।।

32 हर शै को देखा

हर शै को देखा, हर लय को देखा।

हमनें तो शहर में चलते समय को देखा।

देखा कभी-कभी खुद को आईने में।

समंदर के किनारे लहरों में छुपे भय को देखा।।

सफर में साथ चल कर काफिलों से दुर हूं।

कहने की क्या बात है, हां सुनो मगरुर हूं।

बदला भी खुद को कभी-कभी औरो को देख कर।

चलते-चलते यूं हारते ढृढ निश्चय को देखा।।

हारा भी तो जीत कर, जीत जाऊँ मैं कभी-कभी।

अपनों की भीड देख कर मुस्कराऊँ मैं कभी-कभी।

समझोगे कैसे मुझको अभी तो मैं बेहाल हू।

जहां-जहां नजर गई, छलता हुआ संशय को देखा।।

33 मैं तो बस राधे-राधे नाम पुकारूं

मैं तो बस राधे-राधे नाम पुकारूं, किशोरी जूं मैं बस तेरी बाट निहारूं।

तू तो बस सुनले मेरी बृषभान लली, पनघट पे आ जईयो राधा।।

मेरा पराया सब तू मेरी राधे, मैं क्यों कर करूं परवाह किसी औरन की।

है राधे प्रिय जू श्याम संगिनी, मोहे तो बरसाने की गली दिखला जईयो राधा।।

मैं मैं ना रहुं अब तो, तू कृपा दृष्टी कर दे, बृषभान लली झोली मेरी भर दे।

अब तो करूं क्यों कर जग की आशा, हे राधे तू संग श्याम के आ जईयो राधा।।

अब तो समझ आ गई मुझको जग की, जग में किशोरी जू धूल ही धूल परो।

आश यही बस रहूं तेरे शरण में, किशोरी जू ऐसी तो प्रीति जगा जईयो राधा।।

मैं दर-दर भटका, हर दरपर देखा, कोई नहीं तुमसा जो पीर हरे मन की।

मैं जपु नितही राधे-राधे कृष्णा-कृष्णा, किशोरी जू ऐसी राग जगा जईयो राधा।।

हे राधे मैं तेरे चरणों की अभिलाषा में खोया, राधे जू कैसे मन धीर धरूं।

मन मेरा उपवन में चातक बन घुमें, किशोरी जू कृपा दृष्टी बरसा जईयो राधा।।

मैं कैसे सुनाऊँ तोहे मेरे मन की अभिलाषा क्या है, राधे जू जग से ठुकराया हूं।

मन मेरे बाबरे ने जान लई ठकुराई तेरी, किशोरी जू दरश दिखा जईयो राधा।।

34 श्री चरणों की अभिलाष लगी

श्री चरणों की अभिलाष लगी, मेरे भाग जगे जो जीवन की ।

अश्रु भरेइन नयनों से निरखुं छवि को, भाग जगेजो केवट मैं बनुं।।

केवच ही बनुं श्री चरणों में, यह अभिलाषा है मेरे मन की।

अश्रू से पखारु श्री चरणों को, मेरे भाग जगे जो केवट ही बनुं।।

जो मिल जाए मेरे प्रभु पथ में, उनको तो बिठालूं हृदय के रथ में।

मैं प्रेम सहीत निहारुं श्री चरणों को, भाग जगे जो केवट ही बनुं।।

मुझे मोह नहीं जग के वैभव का, जो आज मिले कल मिट जाएँ।

अनुराग बढे छण-छण श्री चरणोंमें, मेरे भाग जगेजो केवट ही बनुं।।

है सत्य नही सब व्यर्थ यहां, जीवन के लौकीक कर्म अकारण है।

मेरे अनुराग लगे श्री चरणों में, मेरे भाग जगे जो केवट ही बनुं।।

जो प्रेम गति मिला गीद्ध अजामिल को, ऐसा भी कोई चाह नहीं।

मैं उठ नितही निहारुं श्री चरणों को, मेरे भाग जगे केवट ही बनुं।।

क्या होगा करम गति का लेख यहां, माया ने जग बाजार लगाई है।

मैं पल-पल को गुजारुं श्री चरणों में, मेरे भाग जगे केवट ही बनुं।।

35 बेचैन रातें है ऐसी

बेचैन रातें है ऐसी, मुझे चुभ रही।

तेरा चेहरा सवाल बन गया।

आज इश्क का खयाल बन गया।

चाहतों में ढेरों बवाल बन गया।

रोशनी के बिना है रात अँधेरा-अँधेरा।

तेरी वे खयाली भरी बात चुभ रही।।

मेरा खयाल छोर कर तू चली।

मुझसे ऐसे नाता तोर कर तू चली।

मैं चला ही नहीं, रात जलने लगा।

मुझे मझ धार छोड़कर ऐसे तू चली।

चाँदनी के बिना कैसा चाहतों का घेरा।

तेरी चंद मुलाकातें मुझे चुभ रही।।

तू कह रही थी कल बात ऐसे जो नहीं।

अब हो पाए क्या हालात ऐसे जो नहीं।

तुम दूर-दूर जाने को बेचैन हो रहे।

मैं जल रहा यहां जज्बात ऐसे जो नहीं।

तारो के बारात के बिना गम का है बसेरा।

तेरी मीठी -मीठी बातें ऐसे चुभ रही।।

आज बरी-बरी बात तो हुआ कैसे हो पता।

कौन कह रहा तुझे बस तेरा ही है खता।

इश्क का रुआब अब रहा नहीं है लाभ का।

क्या खता हुआ मेरा तू इतना तो बता।

जज्बात के बिना रात लगता है अँधेरा।

तेरी कल बाली बात ऐसे चुभ रही।।

36 कल रात बहुत खुशगवार थे

कल रात बहुत खुशगवार थे, और हम भी।

तुम में हम थे, हुई तेरी इनायत थी तेरी चाह कर बैठे।।

तुम्हारी बात करने की आदत तो कुछ हसीन सी है।

तुम भी तो हसीन हो, हसीन आँखें बस तभी आह भर बैठे।।

तेरे दिल का रास्ता भी माकूल परने लगा है अब मुझे।

थोरी सी मुहब्बत जो हुई, हम तो बस गुनाह कर बैठे।।

थोरी बातें नहीं अब तो, तेरे साँसों की महक बेचैन करने लगी।

उधर जुल्फों को तुमने उछाला जो, हम तुम्हें हमराह कर बैठे।।

अब तो खुद में घुल जाने दे मुझे, बस उतर जाने दे रूह तक।

थोरा-थोरा बहकना जो हुआ, हम खुद को ही तबाह कर बैठे।।

कहें तो हम कैसे तुझे, डूबने दे मुझे रात अब तो बढने लगी है।

थोरा फिर पिला दे सनम है दिल्लगी, हम दिलो में राह कर बैठे।।

आज फिर से होने दे, वो सारी बातें जो कल रात हमसे हुई थी।

नजर से नजर जो मिले, बहक कर हम खुद को खाकसार कर बैठे।।

37 पल-दो पल की जिन्दगी

पल-दो पल की जिन्दगी।

गुजार दी हमने सोचते-ही सोचते।

कह तो कबसे रहा हूं वक्त को।

पर वो ना रुका रोकते ही रोकते।

हम कहें वो आसमां तुम इतने क्यों हसीन हो।।

हर तरफ छाया हुआ धुंध और गुबार है।

जीत ना मिले मुझे हार भी स्वीकार है।

कि उठ रहा धुआं-धुआं फिर धुआं।

फिर भी जीना है मुझे यह जिन्दगी जो चार है।

कह रहा मैं फिर यहां मेरे हौसले असीम हो।

कह रहें वो आसमां तुम इतने क्यों हसीन हो।।

मैं जो कह रहा तुम्हें, है तुम्ही से वास्ता।

तू अब भी मान ले जरा मिल जाए रास्ता।

सच कह रहा तुम्हें, है कदम-कदम दुश्वारियाँ।

हंस देना वो जिन्दगी, है रिश्ता तुम से आश का।

कह रहा मैं फिर तुम्हें, तुम इतने नाजनीन हो।

हम कहें वो आसमां तुम इतने क्यों हसीन हो।।

समझ आ रही मुझे, तेरी टेढी-टेढी चाल है।

टेढी-टेढी चाल का यहां हो रहा बवाल है ।

मेरा-तेरा सफर एक है, बोल तेरा क्या खयाल है।

कि तुम उलझी हुई और यहां सवाल ही सवाल है।

कह तो रहा तुम्हें, जिन्दगी तुम मेरे यकीन हो ।

हम कहें वो आसमां तुम इतने क्यों हसीन हो।।

38 तुमसे तो इस कदर मुहब्बत है

तुमसे तो इस कदर मुहब्बत है ।

मेरा तो इबादत ही टूट जाता है।

जोड़ने की लाख कोशिशें कर लूं।

जालिम यह आशिकी है छूट जाता है।

मना लूं आज फिर से तुम्हें जो मुस्कराना है।

क्या कहें फिर तो, यह शीशा है टूट जाता है।।

सही तो है, वक्त कातिल है मेरे खयालों का।

ढूंढा लाख मैं ने है जवाबें इन सवालों का ।

यह इश्क कैसा है, अब तो समझ आए।

कि यह दिल तोड़ देता है मासूम बे-खयालों का।

जतालु इश्क तुमसे है, मेरा दिल दीवाना है ।

क्या कहे फिर तो, शीशा है टूट जाता है।।

कहीं तो हो रही बारिश, कहीं पर आग जलती है।

कहीं तूफानी सबब होता, कहीं तो शाम ढलती है।

तरपना जो हुआ हासिल, यही मेरा मुकद्दर है।

कैसे बताऊँ मैं घायल हूं, यहां पर तीर चलती है।

बता दें हम तुम्हें, बस यह इश्क कातिलाना है।

क्या कहें फिर तो यह शीशा है, टूट जाता है।।

फिर कह रहा तुमको, बेताबियाँ खुब होने दो।

यह इश्क ही तो है, हमें इसमें चुर होने दो।

कह रहा हूं तरप में तो इश्के बयां होगा ।

यही तो मुहब्बत है मुझे मगरूर होने दो।

बताया फिर सनम तुमको यह जो दुश्मन जमाना है।

क्या कहें फिर तो, शीशा है टूट जाता है।।

39 भीगने भी दे मुझे वो शाकी रे

भीगने भी दे मुझे वो शाकी रे।

भीगा-भीगा है अब तलका

जाती है लंबी है जो सरक।

भीगे हुए है अब तो ख्वाहिशें।

भीगा-भीगा हूं मैं तो इस कदर।

लगे है मोहे अभी तो हुई बारिशें।।

इस कदर तो भीगा हूं, जागा जनून है।

पिया तुम पास हो यही तो सुकून है।

महेमां तुम बन गई हो इन नशीली रातों में।

कि चाहतें आता लिए खुशियों का हुजूम है।

बहका-बहका भी तो हूं वो मेरे हमसफर।

लगे है मोहे अभी तो हुई बारिशें।।

तुने ही तो जगाया मेरे अरमान को।

अपना बनाया है मुझ अंजान को।

जगाया भी तो तुमने है चाहतों के तूफान को।

बुलाया भी तो है भीगी रातों में मेहमान को।

कहीं मैं ना जानियाँ यूं ना हो जाऊँ दर-बदर।

लगे है मोहे अभी तो हुई बारिशें।।

आजा अब तो ना रहे कोई फासला।

तुम भी भीग लो मैं हूं भीगा हुआ।

असर तो हुआ इस तरह से तेरे जुस्तजू का।

लगता तो है तुमने मेरे मन को छुआ।

छूट ना जाऊँ कहीं राह में थामो हमें वो हमसफर।

लगे है मोहे अभी तो हुई बारिशें।।

40 देखो वो दिल थाम के बैठा है

देखो वो दिल थाम के बैठा है।

वो तो खिड़की पर शाम से बैठा है।

देख रहा है राहें इंतजार किसी का है।

फिर जो मौन है वो एतबार किसी का है।

काश दिखे वो चांद जो गलियों से आती जाती है।

शायद तो इसीलिए वो बरे आराम से बैठा है।।

किसी का भी वो करता परवाह नहीं।

लगता है उसे कोई और तो चाह नहीं।

वो नजर जमाए है वो दिल को लगाए है।

हैरान है वो, उसके मन का मिलता थाह नहीं।

काश बजे वो पैजनिया जिसे वो झनकाती है।

शायद तो इसीलिए वो इस काम से बैठा है।।

देखने बाले कहते है वो है प्रेम पुजारी।

पता नहीं क्यों उसे कहां चाहत की लगी बीमारी।

अब तो इंतजार इश्क का बढता ही जाए।

इसी खिड़की पर उसने अपनी रात गुजारी।

काश दिखे वो जो होंठों से कुसुम खिलाती है।

लगता है वो बस उसी के नाम से बैठा है।।

हैरान लोग है आते-जाते उसे देख रहे है।

परेशान लोग है आते-जाते उसे बस देख रहे है।

वो बैठा है बस राहे टुक-टुक देख रहा है।

कुछ लोग है अंजान उसे बस देख रहे है।

काश गुजर जाए वो जो कंगना खनकाती है।

कहते तो सब यही है वो बरे इम्तिनान से बैठा है।।

41 ना सम सीर चला यूं शब्दों का

ना सम सीर चला यूं शब्दों का।

अभी तूफान रात का ढलने दे।

बदलेगा परी दृश्य वही जो लक्षित होगा।

जो लङ् के जितेगा वो अपराजित होगा।

तुम तो यूं पथ में अवसाद ना कर।

खुद से ही लङ् खुद को खुद में ढलने दे ।।

किसने कहा कि सुचकता शूल चुभाती है।

किसने कहा समय व्यंग के तीर चलाती है।

जो कहा फिर वो भी तो व्यर्थ नहीं।

संभव है पथ खुद से खुद का भान कराती है ।

चुप रह कर तुम यूं अपराध ना कर।

यह छवि ही है इसे पटल पर जलने दे।।

तुम तो कुछ अनुमान लगा लो क्या बीता।

किन कारण से प्रथम पृष्ठ तो रिक्त रहा।

क्या-क्या भूल हुआ तुम से तुम सजग ना थे।

कैसे मानोगे यह पल भी अतिरिक्त रहा।

जो बीता सो बीता अब तो तुम यूं याद ना कर।

है तो क्या इसे अश्रु तालाब में गलने दे।।

मुक्तक से क्या जोडोगे है यह कार्य व्यर्थ।

जो सीख ना पाया है तो अभ्यास व्यर्थ।

देख सामने तो क्या संभव सब कुछ अनुमानित हो।

समर्थ नहीं हो रण में तो है पुरुषार्थ व्यर्थ।

कहता हूं अपने से अपने सपनों को बाद ना कर।

होगा जो होने दे और अपने सपनों को पलने दे।।

42 चलते-चलते कदमों से

चलते-चलते कदमों से, तेरे गलियों में कैसे आ पहुंचा।

कहना शायद मुमकिन ना होगा, मैं नशा इश्क में डूबा था।

लिख देता शायद मैं अपने उन बेबाक हुए से लमहों को।

पर कलम कहां तक लिखते, उन लमहों की बात अजूबा था ।।

आज इश्क हुआ जो हम को, है इश्तहार में खबर निकाली।

अपने ही सपनों में मैं खोया, ना जाने कैसी रोग लगा ली।

लिख देता मैं अपने उलझे हसरत की मीठी-मीठी बोली।

पर मुझपर इश्क इनायत था ऐसा, मैं तेरे चाह में डूबा था।।

आज सारे शहर में चर्चा है, बंट रहे तेरे मेरे प्यार में पर्चे।

मैं तो डूबा-डूबा तेरे इश्क में, कर डाली दिल की पूंजी खर्चे।

मैं लिख देता उन हालातों पर, फिर दिखला देता सारे शहरा।

मैं ने अपनी बाते कह दी है, अब बता तेरा क्या मंसूबा था।।

मैं नादानी में इश्क किया, फिर जो तेरे चाहत की बेईमानी में।

मैं डूबा-मैं डूबा तू भी डूब पिया, चाहत की चली सुनामी में।

मैं लीख देता उन खट्टी-मीठी बातों को, कैसे उठा सुनामी लहरा।

अजी तुम भी तो बतला देना, इससे पहले तेरा क्या मंसूबा था।।

43 अब तो डर लगता है

अब तो डर लगता है।

सत्ता के अंधे गलियारों से।

उन्मुक्त हुए सिपहसालारों से।

और कहें क्या मानवता के हत्यारों से।

हृदय छिन्न-भिन्न है समय चक्र से।

दुविधा है दुख ही घर लगता है।।

किंचित तो दुख है समय गति से।

जो रखता है हारे हुए का ध्यान नहीं।

जो हार गया सो हार गया पथ पर।

सच ही तो है हारे का हरि नाम नहीं।

छिन हुआ है प्राण शक्ति भी अब।

क्या कहें हृदय में चुभा हुआ खंजर लगता है।।

कहीं नहीं-कोई नहीं है संशय ही संशय।

कोई कहीं तो देता हमको वरदान अभय।

टूट चुका है अब मन वीणा के तार।

टूटा है जीवन का राग, टूटा जीवन का लय।

छुब्ध हुआ है अब तो बोध चक्षु भी।

क्या कहें चारों ओर आडंबर लगता है।।

कोई तो कर लेगा दो-दो हाथ इन दुविधाओं से।

जो लङ ही बैठेगा इन आभासी सुविधाओं से।

किंचित दर्पण टूट गया है क्योंकर टूटा।

क्योंकर विदीर्ण हुआ हृदय छन भर की करुणाओं से।

आभासी सुविधाओं का मोह नहीं है कुछ भी।

क्या कहें अमृत का कलश भी गरल लगता है।।

44 इश्के असर ने है सब को नचाया

इश्के असर ने है सब को नचाया।

लगी जो लगन है जहाँ को लगाया।

कहीं आरजू कि महफिल सजी।

कहीं तो इश्क ने है बिजली गिराया।

कहो अब तो इसका कैसा होता असर है।

इसकी चाह ऐसी कि डूबा सारा शहर है।।

नजर से नजरें मिली, दिल भी मिलने लगे।

शहरे नज्म चाहत के बाग खिलने लगे।

कोई तो मिला मोर पर जो अंजान थे।

दिल की परतें कई अब तो सिलने लगे।

सुनाए तुम कैसे, यह कैसी उठती लहर है।

इश्क पैगाम ऐसा कि सब की इसपे नजर है।।

कल हम तो मिले तेरे चाहतों के शहर में।

तुमने थामा हमें था तेज बहती लहर में।

नकारा हुआ दिल अब तो बतलाए कैसे।

साथ तुम भी चली चाहतों के सफर में।

तुम क्यों समझते नहीं, पिया हम तेरे राह वर है।

इश्क नाम ऐसा कि होता गहरा असर है।।

तुम कहने लगी पिया प्यार तुमसे हुआ।

अब तो अजब टीस है तुमने मेरे लवो को छूआ।

प्यार इनाम है, शहरे इमाम है पिया मेरे लिए।

तुम जो हमको मिली, मैं ने है रब से मांगी दुआ।

पिया तेरा इनकार क्यों फिर, यह चाहतों का डगर है।

इश्क तूफान ऐसा, इसकी तूफानी कहर है।।

45 इक बारियां तू इधर देख ले

इक बारियां तू इधर देख ले।

वो रे पिया मोहे इक नजर देख ले।

कैसा तेरा हुआ है असर देख ले।

मेरे रग-रग में उठता लहर देख ले।

मुझसे नैना मिला ले नारी वो मतवाली।

आजा मेरी गली मेरा शहर देख ले।।

अब तो पिला दे मधुशाला वो बावरी।

थोरा छलका दे री हाला वो बावरी।

मतवाली तुने जो डारी नयन की डोरी।

मैं ने जिया अपना तुझसे हारा वो बावरी।

मोहे झुला-झुला दे प्यारी वो चंचल नारी।

मेरे अंगों में चढता है तेरा जहर देख ले।।

मैं तो भाैंरा बना, तेरी खिलने लगी फुलवारी।

हूं चाहत में खोया-खोया तुने तिरछी नजरिया डाली।

मेरी तो मति गई है मारी, सलोनी वो गोरी।

मेरे पिया मैं ने तो प्रीति की बाजी हारी।

अब तो झांझर झनका दे गोरी वो नारी।

बांहों में अब तो आजा, होता कैसा सफर देख ले।।

मोहे पिलाए दे री छलक रही जोबनवाँ।

मोहे चखाए दे री चमक रही तेरी जोबनवाँ।

का से कहें पिया तोहे पिया कैसे मनाऊँ।

मोहे जी भर के नचाए दे री झलक रही जोबनवाँ।

अब तो तुमसे ही प्रीति की धागा जोड़ी वो चंचल नारी।

तेरे लिए फूलो से सजाया मैं ने डगर देख ले।।

46 क्या नशा क्या सरूर है

क्या नशा क्या सरूर है।

मुझपे चढने लगी है खुमारियां।

और तेरी जो बढने लगी तैयारियां।

फिर तो मेरी हो गई दुश्वारियां।

शायद तुमने इसीलिए ही इश्क में।

इस तरह मिलाया शराब और इत्र को।

इस तरह मिलाया शराब और इत्र को।

चैन लूट कर कह रही मुझे।

क्यों रे पिया तुझको नहीं करार है।

देखती हो आँखों में इस कदर।

तेरे लिए बस तेरे लिए चाहतें बेशुमार है।

शायद तो तुमने इसीलिए ही इश्क में।

देखती हो तुम हर घड़ी मेरे प्रेम चित्र को।।

नशा-नशा अजीब है पिया नशा-नशा।

इस तरह तो डूबा हूं मैं नशीले इश्क में।

कभी नशा तो कभी आता महक।

है मजा अजीब सा दिल के लेते रिश्क में।

शायद तुमने इसीलिए ही तो इश्क में।

तुमने सजाया है जो मेरे इस चरित्र को।।

पिया रे तेरी बाजीगरी है कमाल का।

कमाल की है पिया तेरी कारीगरी।

कहें तुमको अब तो क्या, तू मेरी जुनून है।

बस गई हो चाह में इस कदर, याद आती हर घड़ी।

शायद तुमने तो इसीलिए ही इश्क में।

बस गई दिल में मेरे समझ रही गणित को।।

47 तेरे जरा-जरा समझाने से

तेरे जरा-जरा समझाने से।

थोरे-थोरे नैना उलझाने से।

मोहे रोग लगी पिया अटपट सी।

मैं चलते हुए तेरे सांसो में जी आया।

पिया तेरे ओठ लबालब भरे मदिरा से।

मैं तेरे होंठों का प्याला पी आया।।

मोहे और पिला-मोहे और पिला।

मोहे पिला दे शाकी जी भर के।

मुझे आज झूमना तेरी चाहत में।

मोहे संग नचा पिया जी भर के।

फिर तो तपते तेरे होंठों के अंगारों पर ।

बालम रे मैं तपता-तपता जी आया।।

शाकी-शाकी जो मैं ने जपन किया।

लगी आग है इश्कन की बेहोश हिया।

अब तेरे चाहत की मन वीणा पर तान बजे।

मैं प्रेम का जोगी बन कर के जतन किया।

जो उठा लहरी राग प्रेम तंबूरे से।

जाना था कहीं और पिया मैं कहीं आया।।

तेरे जो इश्क की ऐसी तूफान चलाने से।

मैं उड़ा मेरा जप जोग जतन उड़ा।

तेरा मेरे पास जरा-जरा जो आने से।

मेरा तप टूट गया, टूट गई मेरी ध्यान धुरा।

तू जो आँचल लहराती है सोन कुड़ी।

मेरे इश्कन का यार समय सही आया।।

मैं प्रेम राग का जोगी रे बस जोग किया।

तेरे मेरे मिलन की अब तो आई है संजोग पिया।

तू अब तो दिल मांग के देखो जी भर के।

कहें कैसे तेरी चाहत का मुझको रोग पिया।

अब तो इश्क में डूब शरारत करते-करते।

मैं चला दो चार कदम पर ही पिया तेरी गली आया।।

48 हम तो उस मोर पर

हम तो उस मोर पर कई बातों को बांहों में लिए बैठे रहें।

काश कि समझेगा कोई भरोसा किए बैठे रहें।

समझ ना आया कैसे इम्तिहान दे अपने ही जज्बातों को।

उन्होंने समझा ही नहीं और हम उनको दिल दिए बैठे रहें।

दिन ढला शाम हुई शामों शहर समझे तो कोई।

महेमां बने तो कोई दिले इन्तजाम किए बैठे रहें।।

लहर तो तेज है कहें क्या खुद को संभाले कैसे।

रिसे हैं जख्म दिल में शीशा चुभा है निकालें कैसे।

बयान दी है गुजर गया है चाहतों का सिलसिला कितना।

दर्द उठता है इस कदर तू ही तो बता दवायें खा लूँ कैसे।

नज्म बिखर आया जुबां पर शामों शहर समझे तो कोई।

दासता तो सुने कोई दर्द से भरा पैगाम लिए बैठे है।।

हैरान है इस कदर बिगड़ी हुई अपनी ही इन आदतों से।

गुमनाम भी होने लगे है अपने बिखरी हुई चाहतों से।

सुनसान है सरक है नहीं कोई हम तो तनहा यूं खरे है।

चौंक ही उठता हूं कई बार तो अपने बेताबी भरे आहटों से।

लहूं का कतरा-कतरा निखर आया दिल से शामों शहर समझे तो कोई।

इंतहा तो हो गई है अब और हम चाहतों का इनाम लिए बैठे है।।

49 मोहे पिया अब तो आता चैन ना रे

मोहे पिया अब तो आता चैन ना रे, जिया वैरना है।

कह-कह करके हार गया, तू माने नहीं जो मोहे खैर ना है।।

मुझको जबसे समझ परी प्रेम की, तुने प्रेम की भेज दी पाती।

जिया तरप-तरप उठे अजी हां, तू बनी मेरी प्रेरणा है।।

मोहे रोग लगी है ऐसी, कहता हूं कोई मुझे वैद्य गुनी दिखलाए।

मेरी तो पिया जबसे तुझसे आँख मिली, मेरे दिल को हेरना है।।

अपनी तो चाहत की सेज सजी, मैं ने तो चाहत के फूल बिखेरे।

फिर सज गई रात सुहागन सी, पिया तोहे बांहों में घेरना है।।

अजी मत पुछो मेरे दिल से, यह अलख जगी पिया कैसी।

तू तो थम के मेरे बांहों में झूलो, अभी तो हुई देर ना है।।

मेरी सांसे बहकी-बहकी, दूजे फिर तो ठंढी-ठंढी पवन चले।

आजा पास वैरिये, वो तेरे मन वीणा पर नए सुर को छेरना है।।

पिया मेरे दिल की प्यास बुझा दे, थोरा-थोरा खोने दे सपनों में।

तेरा यूं जो अभी हुआ है आना, पिया अभी सवेर ना है।।

50 मैं हुआ नदी के धारा सा

मैं हुआ नदी के धारा सा, तुम माझी बन जाओ।

भटक रहा मैं बीच भँवर में, तुम तो पतवार चलाओ।

कहीं किनारा मिल जाए, जो मुझसे नाराज हुए है।

लहर की बहाव तेज है ऐसा, तुम ही पार लगाओ।

इधर तेज तो बहती पुरवा, मानो मुझे खींच ले जाए।

इत-उत डोले जीवन नैया, मुझे कौन समझाए।।

कल तक तो मैं मस्ती में था, बहती निर्मल-निर्मल धारा।

झंझा वात चला फिर ऐसा, मैं अपने ही वेग से हारा।

फिर तो क्या गलत क्या सही, किधर राह हुआ है मेरा।

कैसे फिर तुम कहते हो, गलती है मेरा सारा का सारा।

इधर तेज तो वहती पुरवा, मानो मेरा सब छीन ले जाए।

कैसे मिले किनारा अब तो, कोई राह थामने आए।।

कल तक तो मैं कल-कल बहता था, कहते लोग यही थे।

जो पथ में साथ खरे थे कल तक, वो तो आज नहीं थे।

मंजिल भी मानो रुठ गई है, अब वो भी भैरव तान में गाए।

जो कल तक कहलाते सपने, वो तो आज कहीं थे।

इधर तेज तो बहती पुरवा, अपनी प्रबल वेग दिखलाए।

तुम्ही एक हो बन जाओ माझी, मुझको मन मेरा बतलाए।।

51 मैं कुछ बूंद ओस के लेकर

मैं कुछ बूंद ओस के लेकर के, अपने होंठों की प्यास मिटाने को।

आकुल था मन व्याकुल था, जगती जीवन तृषा बुझाने को।।

पास समंदर प्यासा था, मुझे देख रहा था बरी ही आश लिए।

क्या कहें दुविधा कुछ ऐसी थी, बस दो बूंद बचे मन की आग बुझाने को।।

मुझे और तो किसी की खबर नहीं, न ही हुई धर्म की परख मुझे।

वो व्याध पिपासा बन बैठा, मैं ने ठान लिया मिट जाने को।।

व्याल कराल सा तम हृदय, ओस बूंद की राह तके है पीने को ।

कहता भी तो है कर्तव्य मनुष्य का, सागर की जागृत छुधा मिटाने को ।।

मन मानव का है मर्म नहीं, अंजान हूं मैं ढूंढ रहा हूं जीवन पथ को।

अब तो संशय करना है व्यर्थ, है कोई नहीं सार कर्म समझाने को।।

दो बूंदों का क्या है, ओस ही है बरसेंगे और फिर से संचित होंगे।

अब तो बचा नहीं है कारण भी, विवश बनूँ प्यासा सागर लौटाने को।।

मैं ने अपने मन से पुछा भी, खुद से खुद को दी परिभाषा शरणागत की ।

क्यों थोरा सा संचित का अभिमान करें, छल कर दे दो बूंद छिपाने को।।

52 मेरे आँखों में तो देखो उभर पङा

मेरे आँखों में तो उभर पङा है, प्यास कोई अहसास कोई।

मैं तुम बीन सुना-सुना हूं, अब मुझे पिला दे मधु का प्याला।।

छलकी मदिरा मदिरालय में, मैं सुध-बुध अपना हार गया।

दो घूंट बस मैं पीने को आतुर हूं, किंचित होकर के मतवाला।।

अब तो नहीं है स्वमान की चिन्ता, नहीं अपमान का मुझको भय

मुझे तो अब छक-छक कर पीना है, तू मुझे पीला दे री बाला।।

मैं ने मन का अहसास जगा कर के, मदिरालय के दर से हो आया।

थका-थका सा लौटा हूं ले बोझिल मन, वहां लगा हुआ था ताला।।

तुम तो बस छलका दे मदिरा का प्याला, करना है रसपान मुझे ।

मैं अगर तेरे रंग-रूप में डूबा हूं, तुने खुब सजाई है मधुशाला।।

अब जब तेरे कदमों की धमक परी, मैं धड़क दिलो को थामे हूं।

अब तो पिया मेरे होंठों से लगा दे प्याले को, व्यर्थ बहाती हो हाला।।

मदिरा की गगरी लेकर के, बहकाती हो तरसाती हो फिर ऐसे शर्माती हो।

मुझे पिलाने की क्या तेरी चाह नहीं, जो तुने टूटी प्याली भर डाला।।

53 माधव तुम तो मिले बहुत दिनन पे

माधव तुम तो मिले बहुत दिनन पे, जैसे के तैसे तुम रह गए माधव।

नहीं बदला परिवेश तुम्हारा, और आँसू है तेरे अँखियन पे।।

कहते थे जब तुम मिले थे माधव, पथ में जीत का राह बनाता हूं।

फिर आज तुम्हें क्या हुआ है माधव, कैसे बोझ परे तेरे मन पे।।

तेरी कथनी करनी भिन्न नहीं, फिर कहो कहां पर भूल हुई।

भँवर ताल में क्यों फंसे हो माधव, क्यों नहीं रही आश निज जन पे।।

कहते तो तुम थे कल तक माधव, जीवन का हर पल है बाहु बल तक।

फिर क्यों गांडीव गिरा रथ में, क्यों डरते हो तुम इस रण पे।।

कह-कह कर क्या कहते हो माधव, तेरा शौर्य तेज कहां पर सुस हुआ।

किंचित तो मौन इसीलिए हुए हो, जीवन के उर्मित उपवन पे।।

मैं-मैं की दुविधा है क्योंकर, क्यों करना है हार स्वीकार तुम्हें।

तेरी हार तो किंचित होगा, और होगा इसका प्रभाव जन-जन पे।।

आज बता दो क्या हुआ था माधव, क्यों पथ में तुमको चैन नहीं था।

आज लूटे हो तो आए हो माधव, पहले करते अभिमान थे धन पे।।

54 बोलो अब क्या तय करते हो

बोलो अब क्या तय करते हो, पथ भ्रमित हुए हो क्यों व्यर्थ।

जीवन रण लड़ना ही है तो, बतला फिर क्यों भय करते हो।।

लड़ लो खुद तो खुद की इच्छाओं से, कहो क्यों विकल हो मौन बने।

तुम समय की सीमा में बंधे हुए हो, फिर क्यों विस्मय करते हो।।

तुम तो शायद सोच रहे हो, क्या लिख देगा समय तुम्हारे पन्नों में।

है व्यर्थ वृथा और शायद अनुचित है, जो तुम अनुनय करते हो।।

कैसी चाहत रखते हो कर्ता से, करम लेख से आश लगाए बैठे हो।

है व्यर्थ प्रमाद फिर तेरे मन का, जो तुम चिंतन असमय करते हो।।

आज उठा कर गांडीव संभालो, अब तो और कोई राह नहीं रण में।

लड़ लो जीतो या लड़ लो हार मिले, तुम समय व्यर्थ व्यय करते हो।।

क्या ऐसी बातें शोभती वीरों को, वो किंचित करते है भय नहीं।

तुम सोच-सोच के खोए क्यों, क्यों व्यर्थ प्रलाप के स्वर भरते हो।।

सारे नियम भुला दो तुम, शायद समय ने यही तो सीख दिया तुम्हें।

करो कर्म रण करो विजय, फिर क्या हुआ क्यों तूणीर धरते हो।।

55 तुमने तो कहने की ठान ही ली

तुमने तो कहने की ठान ही ली, मैं मौन खरा, मेरी कविता गौण हुई।

मेरे कलम फिर तो रुंधे प्रिय, मैं ने प्रेम की कविता लिख डाला।।

लिख डाला मैं ने राज कई, अल्फाज कई होंठों के आवाज कई।

तुम तो छलकाने को आतुर हो मधुशाला, मैं ने मय का प्याला लिख डाला।।

आज ही मेरे कलम आजाद हुए, आज ही रंग भरे थे प्याली के।

मुझे और पिलाना वो शाकी, मैं ने छलका हुआ हाला लिख डाला।।

पथ और कई थे जीवन के, कल-कल झरती थी मधुरित सरिता।

और तुने डाला मय को प्याले में, तुने डाला मैं लिख डाला।।

आवाज जो आई मेरे दिल से, तू छलकाती जाती है मदिरालय।

मैं पी-पी कर सुध-बुध खोया, और दिल में उठता छाला लिख डाला।।

अंदाज मेरे मुख रीत होकर, मेरे अभिमान बने मेरे सम्मान बने।

फिर तो ऐसी छाई शीतलता, मैं बनकर मतवाला लिख डाला।।

अब तो तेरे नशीले नयनों के, प्रेम आलिंगन मुझे स्वीकार प्रिय।

तुम जो प्रेम राग में गाई थी, वो बातें अनुराग फाग के लिख डाला।।

56 तुम आज कहां से होकर आए हो

तुम आज कहां से होकर आए हो, फिर मौन हो गए हो आकर के।

कैसा बीता है तुम पर वो पल, लगते हो घायल हो जख्में खाकर के।।

अब तुम तो मुस्कान बिखेर भी दो, दिल की परतें खोल भी दो।

और बताओ मेरे मन को, अपने उन जख्मों को दिखला कर के।।

मैं अब शर्त लगा कर कहता हूं, तेरे मन में छुपा हुआ है भेद कोई।

क्यों तूले हुए हो तुम, ऐसी क्या चाह रहे मेरे बातों को झुठला कर के।।

है कल की बात तुम्हें देखा था, कंधे पर अपने झूठ की बोझ उठाते हुए।

आज वही तो बातें है, फिर क्यों छुप जाना है मुझको समझा कर के।।

जो छलक उठे वो आँसू तो, तेरे नयनों में आने को व्याकुल है।

संभल के बढ लो पथ में तुम, गिर जाना नहीं यूं ही लहरा कर के।।

जो तुम अगर सोच रहे हो, राहें जीवन पथ का समतल-समतल है।

ठोकर खाकर फिर क्यों पथ में बढ़ना है, अकेले राह मुझे ठहरा कर के।।

जीवन सरिता निर्झर होकर बहता, तुम डूब ना जाना मझ धार कहीं।

शायद समय का है आवाज तुम्हें, तुम निकलो ना सब बिखरा कर के।।

57 जिंदाबाद इश्क में तेरा

जिंदाबाद इश्क में तेरा, जवानी जिंदाबाद कहानी जिंदाबाद।

मिले मैं और तू शर्द रातों में, पिया इश्क की दरिया भर आई।।

तेरे अँखियां है कारे-कारे, बदली वो वैरन रे कारे-कारे वो कारे-कारे।

मैं तेरे बांहों में झुलूँ सजनी, और ओढी रे-ओढी प्रेम रजाई।।

खोया-खोया पिया मैं ऐसे, तेरे नैनों से ही देखे सपने मीठे-मीठे।

मैं ने तेरे संग-संग खाई कसमें, पिया रे आजा तू दूर करने तनहाई।।

इश्क के भंडारे में तुम आओ, मैं आऊँ फिर तो सारी रात तूफानी।

मैं तेरे नाल ही बिछूँ वैरना, तेरे खट्टी मीठी बातों में गहराई।।

आजा वे इश्क की दरिया में, चाहत की चादर संग-संग ही ओढे।

ऐसा इश्क हुआ है मैं तप जोग करें, इश्क ने अब तो ऐसी आग लगाई।।

बहका मैं हूं-बहका रही तू, बहका बादल है और प्रेम की अगन लगी।

इश्क की तपिश बढी मेरा अंग-अंग पिघलाए, तुने प्रेम सुधा आँगन में बरसाई।।

जिंदाबाद की माला लेकर मैं, पिया तेरी गली में इश्क-इश्क चिल्लाया।

खरीददार मैं भी हूं, खरीददार तू भी है, पिया इश्क ने बाजार सजाई।।

58 जब किनारा कर ही लिया तुमने

जब किनारा कर ही लिया तुमने, हमसे फिर मेरी चाहतों से।

अब जताती हो क्या, तू ने ही तो जख्मों में कांटों को चुभोया है।।

तौबा तो हो गई है, चाहतों में लूटा हूं मैं कई-कई बार तो।

अब दिखाना है क्या, तुमने ही तो कई बार तो आँसू में डुबोया है।।

तनहाइयों में खोने लगा हूं, खुशियां भी आज कल नागवार होने लगी है।

ऐसी तो तेरी चाहत ही थी, दिल कई-कई बार तो रोया है।।

कहूं कैसे गुनाह तो हो गई है, हालात भी अब तो डराने लगे है।

बरसात बिना ही अब तो मेरे अहसास ने, ना जाने कैसे अल्फाज भिगोया है।।

बता तो देता कोई हमें शहर रात हुआ कैसे, कैसे घना अँधेरा छाया।

दर्द दिल अब हर बात लगी चुभने, और खुद ही जज्बात संजोया है।।

कब मैं दूर हुआ तुमसे, इतना तो दिल का इल्जाम बता देती।

मैं ढूँढ रहा हूं कबसे वो तस्वीर मेरे दिल की, जो मैं ने रातों को ही खोया है।।

इतना तो कहो तुम तो, अब फिर दिल का है क्यों आसान नहीं मिलना।

मैं ने तो तेरा मजमून पढा जब भी, दिल तेरे मजमून से सोया है।।

59 कांटे कई चुभे है

कांटे कई चुभे है, बस तुम मेरे करीब आकर के तो देख।

हौसला कर भी ले तुम तो, मेरे आंसुओं की कीमत लगा के तो देख।।

दिल तोड़ कर जोरों तो सही कि काश यह जुट जाए नसीब से।

मैं तो गम में भी मुस्करा रहा हूं, तू भी मुस्करा के तो देख।।

यह वक्त ही तो है साहब, इसके कदम-कदम पर तकाजे कई-कई।

मैं मुफलिसी में हूं खोया-खोया, तू थोरा करीब आ के तो देख।।

नायाब होता अगर है इश्क तो, इसने तो छुपी कहानी है कई-कई।

मैं तो कबसे बिखर कर सिमट रहा हूं, तू बस आजमा के देख।।

आवाज उभर आता है, दर्द का तुझे दिल ने पुकारा हर घड़ी।

मैं जी लूंगा जख्म कई साथ लेकर, तू तो बस हौसला बढा के देख।।

सौ बार तो मैं कह रहा हूं, तू तो मेरा मालिक अहले अजीम है।

खाश ही होता है तेरी तो महफिलें, तू इक बार सजा के देख।।

नज्म है दिल का मेरे, कहता हूं इम्तिनान से तुम्हें बार-बार।

मैं हाजिर हुआ हूं कबसे करीब तेरे, तू तो बस खंजर चला के देख।।

60 कह तो दिया है तुम्हें

कह तो दिया है तुम्हें, मैं तुमसे ही यार बिका हूं।

तू ने ही चाहा है जब भी, मैं तो हर बार बिका हूं।।

चाहतें तो होनी ही थी, अब चाहतें हो गई है तुमसे।

यह मुहब्बत का ही इंतहा है, मैं सरे-बाजार बिका हूं।।

होता है इश्क नादानियों में, नादान तो इश्क है।

तुम्हारी हसरतों में उलझा, मैं तो कई बार बिका हूं।।

उलझनों में ना उलझाओ हमें, ना ही उलझाओ मेरे हसरतों को ।

कहें भी तो क्या अब तुम्हें, तेरे ही खिदमत में सरकार बिका हूं।।

अब हैरानियां तो जताती हो, जख्म भी तुमने कुरेदे है।

इंतहा हो गई दर्द की क्या बताऊँ, दिन में सौ-सौ बार बिका हूं।।

तनहाइयों में इस कदर डुबोया है, तुमने कई बार तो मुझे।

इकरार है ना करार है अब तो, मैं तेरे चाहतों में शुमार बिका हूं।।

नरम होने लगी है दिल की जमीन, अब तेरे दिले इजहार से।

कहने की क्या जरूरत है, जरा समझो मैं तेरे इजहार बिका हूं।।

61 कंकरीट की रिश्ते की दीवार हो गई है

कंकरीट की रिश्ते की दीवार हो गई है, हर कोई दायरे में घिर गया है।

हर तीसरा घर दूसरे से अंजान है, लगता है उठा नया फितूर है।।

आज तो कहते दशहरा है, पुतले का रावण जलाना है।

पर हकीकत से परे आज, कौन कहता है रावण का ही कसूर है।।

आज तो आए है राम, चाप और वाण को संधान इस तरह।

मुमकिन नहीं मिट ही जाएगा अस्तित्व रावण का, यहां हर कोई नशे में चूर है।।

यूं तो कहने की आदत से मजबूर हूं, कह दिया डंके की चोट पर।

राम राज्य का स्वप्न दूर है अभी, अभी तो हर किसी को सुरूर है ।।

हर तीसरी गली का दूसरी गली से, राह तंग कुछ यूं होने लगा है।

हर एक को छोर दूसरे को लगता है, वही तो इनायत का हुजूर है ।।

अब तो कहने का क्या, हैवानियत भी शर्मसार हो गया है नए दौर में।

इंसानियत के नाम पर है थोरा सा, पर आँखों में उम्मीदें जरूर है ।।

फिर तो लौटना मुश्किल होगा, वो राह सुना है जहां थोरा ईमान था ।

कहने की तो दशहरा है जीत रावण पर, लेकिन बना नासूर है।।

62 एक ही तो था वादा तेरा

एक ही तो था वादा तेरा, मिलेंगे कदंब ताल पर था इरादा तेरा।

ऐसे में तेरी कोयल सी गूंज सुनी, पिया रे जिया बेताब हो बैठा।।

नजर जो मिलाया है तुमसे, अब तो दिल को भी मिलाने लगा हूं।

तुम जो बहकती हो ऐसे, कहें कैसे दीवाना मैं तेरा बेहिसाब हो बैठा।।

इश्क की मुझको तो लगन ऐसी लगी, मैं तराने बनाने लगा।

पिया तुम पढनें को बेचैन हो जो, मैं तेरे लिए किताब हो बैठा।।

इस कदर तेरी चाहतों में डुबा शहर है, मैं उन से जुदा तो नहीं हूं।

तुमने नैनों से निचाया मुझे, मैं तो तेरी मुहब्बत में आफ़ताब हो बैठा।।

तुमने मुझको कहा जो पिया है, मैं ने चाहत की लंबी इबारत लिखी है।

चलता है जो तेरे हुकूमत का सिक्का, मैं तेरे चाहतों का अंबार हो बैठा।।

तुमने आज ही तो देखा था मुझे, अपने नैनों में झरोखे बना कर।

मैं कहा भी तो दिल पर तेरी हुकूमत हुई, मैं तेरा अदब दार हो बैठा।।

अभी जो तुने ऐसे दो चार करके, अपने दिल की पुजी बढाने लगी ।

फिर बेईमानी तेरी बढने लगी, और तेरे लिए मैं इजहार हो बैठा।।

63 आगे मंजिल अब दूर नहीं

आगे मंजिल अब दूर नहीं, नींव जीत के रखता चल।

हार नहीं तो जीत नहीं, फिर क्यों घबड़ाए तूफानों से।

पहचान तुम्हारा तब होगा, जब साथ मिले अंजानो से।

आगे देखो ठोकर है, तो हार मानना मुमकिन होगा।

है मानव की घनघोर बस्तियां, दो-दो कर तो लो हैवानो से ।

कदम बढाता चल राही, राहों को रोशन करता चल।।

यह क्या बात हुई, अभी तो बस पथ में शुरूआत हुआ।

तुमने हुंकार भरा, इसीलिए उलझा हुआ हालात हुआ।

तुम तो बस लड़ लेना, अपने करम लेख से, इतने हैरान ना हो।

तुमने बस सत्य कहा, फिर तुम पर यह आघात हुआ।

तुम फिर तादात्म्य बिठा लेना, अपने उन जगते हुए अरमानों से।

यह तो होना ही था, तुम बस संघर्ष वेग से बढता चल।।

कल तक तो कोई नहीं था, जब तक तुम चुप साधे मौन खरे थे।

डर का आलम ऐसा था, खुद की परछाई से खुब डरे थे।

आज वही तो बात हुई, तुमने मंजिल पथ पर कदम बढाया।

फिर से रिसते जख्मों को देखा, वो तो अब तक नहीं भरे थे।

जब दो-दो हाथ ही करना है, फिर क्यों डरना इन तूफानों से।

सुन लो फिर पथ भी कहता है, साथी मेरे स्वभाव में ढलता चल।।

64 अलय-निलय से अलग प्रेम है

अलय-निलय से अलग प्रेम है।

राष्ट्र प्रेम हमें है इतना प्यारा।

इक तो प्रबल वेग जीवन निर्झर है।

दूजे है यह हमें प्राणों से प्यारा।

फिर अतीत का गौरव नित नव हमें सिखाता है।

है तिरंगा शान हमारा, इससे गहरा नाता है।

इस भूमि के कण-कण में जीवन रस प्रवाहित कर ले।

अहो-हो राष्ट्र प्रेम के भगीरथ तुम भी।

इसका धवल शिखर प्रक्षालित कर ले ।।

अखंड तेज से परिभाषित होकर।

प्रचंड तेज ज्योत प्रकाशित होकर।

कुसुम दलो से आच्छादित होकर ।

माँ भारती का फिर करो वंदना ।

प्रबल प्रेम से अह्लादीत होकर।

रच डालो फिर प्रकाश पुंज नव।

फिर से नया जोश उन्मादित होकर।

राष्ट्र निर्माण के अधर-सिला पर।

पुण्य रक्त धार फिर प्रक्षालित कर ले।।

क्रांति-क्रांति रस की करो प्राथना।

रण भूमि का मिलकर करो साधना।

करलो राष्ट्र प्रेम की प्रबल चाहना।

रक्त कणों में उबल परे वीरों की भावना।

रण विजय के रस उद्घोषित होकर।

बरे हुए हो इसके रजकण में पोषित होकर।

तो फिर तुम दावानल भड़का दो।

कर लो फिर स्वर्णिम भविष्य कामना।

देश प्रेम की धारा फिर नियम-निर्धारित करले।।

65 अभिलाषा के पार जो देखा

अभिलाषा के पार जो देखा, छुपा हुआ तूफान कहीं।

मंजिल के पथ पर भी देखो, पलता था अरमान कहीं।

वो जीत गया तो हैरान ना हो, उसने हार कर जीता है।

क्या बात हुई जो हंसते हो, उसपर तो जुल्म अँधेरा बीता है।

जानते हो परिप्रेक्ष्य जीत का, फिर ना होना अंजान कहीं।

जो आज प्रकाश में चमका है, कल तक था गुमनाम कहीं।।

आज कहीं तुम सोच ना लो, वो जीत गया यूं ही पथ में।

यूं ही नहीं सफलता के पंख लगे, ऐसे ही नहीं बैठा स्वर्णिम रथ में।

खिला गुलाब है बागों में, तो कांटों का जाल बिछा भी है।

तुम किंचित देखते हो शीतलता, क्यों देख नहीं पाते जख्में।

तुम चलते थे अपने मौज में ही, और बिताते शाम कहीं।

जो आज सवार है किरणों के रथ में, कल तक था गुमनाम कहीं।।

यूं ही हरियाली के बीज नहीं लगते, बंजर भूमि के प्रांगण में।

यूं ही तो खुशबू से क्यारी खिलती नहीं, मन मंदिर के आंगन में।

है सत्य यही स्वीकार करो, धरा जिसके कर्मों से आलोकित है।

किंचित तो शायद वो कारण है, खुद को देख लो दर्पण में।

वो बंजर भूमि में था श्रम लीन, तुम फरमाते थे आराम कहीं।

आज जो पुलकित होकर महक रहा, कल तक था गुमनाम कहीं।।

66 सुंदरता का प्रतीक जीवंत

सुंदरता का प्रतीक जीवंत।

है मन की अभिलाषा सुंदर।

है जीवन की परिभाषा सुंदर।

गरल-सुधा है दोनों समरस।

जीवन-पथ की हर आशा सुंदर।

सुंदर सकल अखिल श्रृष्टीमय!

है प्रतीक रूप जिज्ञासा सुंदर।।

मातृभूमि का है प्रेम अघोषित।

हो राष्ट्रप्रेम से समता पोषित।

चहूँ दिस हो जय-जय उद्घोषित।

हो उठी धरा अब क्रोधित-रोषित।

भृगु का कुपित नयन है सुंदर।

रण भूमि की प्रत्याशा सुंदर।।

निज राष्ट्र के पहचान का गौरव।

मातृभूमि के सम्मान का गौरव।

निजता से निज अभिमान का गौरव।

अखंड राष्ट्र निर्माण का गौरव।

अप्रतिम राष्ट्र रंग से निर्मित सुंदर।

देश प्रेम का हर सोपान है सुंदर।।

कुसुम लता फिर नव पल्लवित होकर।

अब जाग रही है यह मानो सोकर।

जीवन पथ पर फिर पग-पग ठोकर।

फिर हम क्यों बैठे यूं मायूस होकर।

नया राग नया जोश नया श्रृंगार है सुंदर।

हे मातृभूमि तेरा हर नाम है सुंदर।।

67 मुझे मालूम नहीं था राहों में

मुझे मालूम नहीं था राहों में, मेरे किस्मत की बांहों में।

है वो कौन कदम को थामें बैठा, किसके मन की निकली आहें है।।

कहता था गगन में उभरे तारों ने, डूबा जगत व्यवहारों में ।

गूंथे हुए मोती की माला में, मेरी तो टिकी हुई निगाहें है।।

धूमिल-धूमिल सा हुए है सोच मेरे, अब कुंद हुआ अभिलाषा भी।

मैं सोच-सोच क्यों व्यथित हुआ, उस मोर पर कितनी राहें है।।

आज तो उदित हुआ दिवाकर, पर मेरे मन में छाया अँधेरा है।

मेरे थके कदम कह रहे हमें, थाम ले जो बचा नहीं अपनों की बांहें है ॥

फिर तो पथ में चलने की चिन्ता, मेरे मन के अंदर प्रबल हुई।

मैं ने अपने पद चिन्हों को ढूँढा है, पर मिली नहीं मुझे गुनाहें है ॥

यह कल तक का इतिहास नहीं, क्या होगा इसके बाद नहीं।

मेरे अपने मन के ही परिभाषा से, मेरी तो बढती जाती दुविधाएँ है ॥

है बोध नहीं मुझको यह भी, कैसा मानव का धर्म अनुशंसित है ।

मानव ही हूं है मानव मन, परी हुई मानवता की मजबूत सिलाएँ है ॥

68 अभी तो आई हो दिल-वर

अभी तो आई हो दिल-वर, अभी तो मिलन की शाम होने दे।

अभी तो किया है इश्क नजाकत से, अभी मेरा नाम होने दे॥

ठहर भी जा देख ले, बेकरारी बढ रही है बेहिसाब होकर।

अभी तो मैं तेरा होने लगा हूं, अभी तो पिया तेरे नाम होने दे॥

इश्क ही तो है तेरा, मैं खुद को अकसर भुलाने लगा हूं तेरी बातों में।

अभी ही तो हरकत हुई मेरी, अभी तो मुझपर इल्जाम होने दे॥

तेरे वादों की कहानियाँ है कई, समेट तो लेने दो बाँजूओ में ।

मैं ने अभी तो चाहतों के रंग घोले, बस अभी तो काम होने दो॥

इन्तजाम इश्क का तू देख ले तो सही, मैं ने सजाई महफिलें।

तेरे अल्फाज मेरे अल्फाज बन जाए, मुझे इश्क का इनाम होने दे॥

कयामत से कयामत तक तुझे देखता हूं, अब प्यास बुझती नहीं है।

अगर जो तुम्हारा इरादा है, मुझे भी तो इबादत का खयाम होने दे॥

आज तो ढलकने दे आँचल, और जुल्फों को लहरा दे जरा।
अभी तो तेरे दिल से उतर करके, तेरे दिल में मेहमान होने दे।।

69 रिश्क जो ले लई है

रिश्क तो ले लई है पिया को रे दिल मुफ्त में दे दई है।
है इश्कन की बलिहारी हमने दिल मुफ्त में दे दई है।।
मेरे प्रेम की तू कदर करें ना-ना ही तुझ को फिकर है मेरी।
उलझे तेरे जुल्फा बालम इससे तुमने अक्स को ढक दई है।।
तू ना जाने क्यों रे मेरे दिल में उठती लहरे और तुमने डाले पहरे।
ना-ना कहना पिया तेरा बरे अदब से मेरी जान पर बन गई है।।
तू मान पिया मैं मेहमान तेरा जान ले तू दिल कुर्बान मेरा।
तेरा यूं जो इकरार ना करना पिया मेरी तो मुश्किल बढ गई है।।
वो वैरन री अजी अंजान जो बनती हो दिल मेरा घबराएँ।
तेरी तो उलटी सीधी हरकत होता और पिया मेरी अँखियां भर गई है।।
तेरा जुल्म जो बढता जाए इश्कन में और मेरी तुझसे लगन लगी।
तेरी मीठी-मीठी बातें पिया कुछ ऐसे मुझपर जहर सी चढ गई है।।
इधर इश्क में डूबा हूं मैं झरना चाहत का कल-कल बहता वैरन रे।
तेरा जलवा कुछ ऐसा बालम दिल तुमने ऐसे मसल के रख दई है।।

70 कह भी दो अब तो चाहत है

कह भी दो अब तो चाहत है, तुमसे ही मेरे दिल की राहत है।
प्रेम कहनी हम लीख लेंगे, फिर तो हम नदी किनारे मिल लेंगे।।
चाहत तो अभी खिली है, जबा हुई है और छाई है अँगड़ाई।

तुम पास-पास अभी आओ तो, कलियों सा हम खिल लेंगे।।

तुमने अभी-अभी तो बोला था, मेरे लिए दिल के दरवाजे खोला था।

तुम अहसास जगाओ तो मेरा, हम बदले में तुम्हारा दिल लेंगे।।

अभी-अभी तो शाम हुई है, तुमने चाहत के नगमो को छेर दिया।

अब और तो इतना समझो तुम, हम इश्क की चादर सिल लेंगे।।

आज मुहब्बत हुई हमें, हम तो आज ही इश्क सफर चलने आए।

तुम भी तो प्रिय अब नादान बनो, हम दास्तानें मुहब्बत लिख लेंगे।।

यह चाहत जो है, रस्में भी है, कसमें भी है फिर तेरे कदमों की आहट है।

आज मुहब्बत हो गई है तो, फिर से हम नई रवानी लिख लेंगे।।

तुम कहो हमें फिर से शाकी, मय कहां गिरी कहां छूट गई मदिरालय।

थोरा तो हमें पिलाना होंठों से, फिर हम चाहत के बदरी में जी लेंगे।।

71 बात बीत ना जाए

बात बीत ना जाए, कहीं रात बीत ना जाए, पलकों पर तेरे निंदे है।

अंबर में तो अभी आया चांद, कहीं शीतलता की बरसात बीत ना जाए।।

तुमने इंतजार किया था उन लमहों का, फिर क्यों इससे है इनकार तुम्हें।

थोरा तो संभालो अपने जज़्बातों की डोरी, कहीं रात बीत ना जाए।।

कहते थे रात के पल का है इंतजार तुम्हें, करनी है तारों से बातें।

तुम छोरों भी अपना हठ, कहीं आँखों ही आँखों में साथ बीत ना जाए।।

अभी हुई है रात तो क्या, चाँद खिला-खिला है नभ के कोमल आँचल में।

अभी वक्त है संभलो खुद से, कहीं ऐसे ही इतिहास बीत ना जाए।।

कहने का क्या है लो कहता हूं, देखो आने को आतुर है उषा किरणें।

तुम व्याकुल थे जिस अभिलाषा से, वो अहसास बीत ना जाए।।

फिर से तुम तो चिंतित होगे, यह बीत गई रात व्यर्थ अकारण ही।

मैं कहता हूं तुम सुनते हो, और फिर ऐसी मुलाकात बीत ना जाए।।

आओ कर लो अपने मन की तुम, देखो तो रात हुई आधी गहरी।

मेरी तो कोरी कल्पना ना समझो, मेरे लिखने की हालात बीत ना जाए।।

72 इंसानियत तो इस कदर हावी है

इंसानियत तो इस कदर हावी है।

कि हैरान भी है शर्मसार भी है।

कहने को तो कितनी किताब आधी लिखी है।

कि रुके हुए गलियों में मेहराब भी है।

समझ लो कदम की नादानियां फिर तो।

तुम मान भी लो, समय को गुलजार होने दो।।

दो कदम जिन्दगी है जज्बात भी है।

कहीं कांटे तो कहीं खिला गुलाब भी है।

नजर का दोष है कि नहीं, कह नहीं सकते।

कि कह रहा हूं, सफर है तो ख्वाब भी है।

समझ लो वक्त की है गुमनामियाँ फिर तो।

तुम अब तय कर लो, खुद को लाजवाब होने दो।।

देख भी लो समय को दो चार होकर।

कह भी दो सच समय से बेजार होकर।

कहा भी तो है, हकीकत तो हकीकत है।

हौसला बुलंद कर लो, खुदको तैयार होने दो।

समझ लो दो कदम है हैरानियां फिर तो।

तो फिर रुको राह में, तुम कारवां पार होने दो।।

कदम दो चार चलकर तुम नादान बन जाना।

कि आहट भी हो, अपने से अंजान बन जाना।

कि रिश्ते दरकते है तो दरकने दो मौन होकर।

कि वो राह में मिले फिर भी तुम हैरान बन जाना।

साथ चलता है कारवां है वीरानियाँ फिर तो।

फिर से समझ लो तुम, समय पर वार होने दो।।

73 किंचित इसीलिए छलक पड़ा

किंचित इसीलिए छलक पड़ा।

सिंचित था जो मधु का प्याला।

क्या होगा अब कहने से भी शाकी।

तब ही तो थमा देती मुझको हाला।

छलका भी है तो पी लेने दे मुझको।

फिर तो ना कहना हमको, छलक पड़ा है प्याला।।

मतवाले का ही अधिकार नहीं यह।

मधुशाला सिर्फ उसका ही अर्जित है।

पीना भी तो जन-जन का कर्म ही है।

फिर क्योंकर कुछ को यह वर्जित है।

कहने का क्या, फिर से समझा दे हमको।

फिर तो ना कहना हमको, छलक पड़ा है प्याला।।

क्यों कर कहता है वो सप्रमाण देख।

मयखानों पर किंचित अधिकार है यह।

शायद तो यही कारण है स्वमान उद्वेलित है।

समता के जागीरों पर प्रतिकार है यह।

अपमान सही सत्य दिखा देती हमको।

फिर तो ना कहना हमको छलक पड़ा है प्याला।।

समान भाव पर सिंचित करना काम नहीं।

जो कर्त्य है समय छितिज पर उसका नाम नहीं।

कोई तो कर बैठेगा सिंचित करने की छिन्न-भिन्न प्रथा।

मैं भी तो हूं, हूं मैं, पर किंचित यह अभिमान नहीं।

जो अमूर्त है फिर वही दिखला देती हमको।

फिर तो ना कहना हमको छलक पड़ा है प्याला।।

74 यह शहर है मतलबी सा

यह शहर है मतलबी सा, फिर चलती हवाएँ धीमी-धीमी।

तू बता तो फिर हमें, कैसे दिया हमको यह पैगाम है ।।

मतलबी तो मतलबी, और भी तो कई इसके रूप-रंग है।

यहां होते है अंजान सब, ढलने को होती जब शाम है।।

दौड़ता है जब सरक, दौड़ते है यहां पर सभी बन अजनबी।

कहीं तो किसी से दूरियां, कही तो सरक होता गुमनाम है।।

लगने लगता है कभी-कभी, खोया-खोया सा अब तो डगर ।

कहीं तो कोई करता इबादत, कहीं पर होता कत्लेआम है ।।

यहां तो हर कोई है उलझा हुआ सा, उलझी हुई सी है शहर।

कोई तो पुकारे वो खुदाया, किसीके होंठों पर होता राम है।।

समझाने लगी है मंजिले, दूर भी है पास भी है खास भी है।

कोई तो यहां पर भटका हुआ है, किसी के हाथों में जाम है।।

वो शहर अब तो बता, कितने तुम्हारे रंग है कितने तुम्हारे रूप है।

कहीं तो लगाए तुने कहकहे, कही तो उलझनों की शाम है।।

75 री मधुबाला ते छाए गई

री मधुबाला ते छाए गई, चंचल नयन चुभाए गई।

मेरे तन-मन में ठंढक पहुंचाए गई, जो थोरी मदिरा छलकाए गई।।

छनछन बाजी तेरी पैजनिया, मैं इत डोलूँ अजी उत डोलूं।

झाँझर के तने तान बजाई जो, सुध-बुध मेरी बिसराए गई।।

बहकावे री-मने बहकावे री, ते मोहे चाहत की पाठ पढावे री ।

फिर जो तू पनघट पे आई, अजी मोहे चाहत को रोग लगाए गई।।

मधुबाला तू है मतवाली, तुने धानी चुनर पहेरी लई नारी।

कबहु तो तू छुपी ओटन में, कबहु मुझसे नयन मिलाए गई।।

सुन ले वो बावरी, मैंने नैना लड़ाई तोसे प्रीति जगाई तोसे।

बढ रही प्यास वैरी तुझसे मिलन की, और तू दिल पे बिजली गिराए गई।।

तेरी राह तकु-पिया राह तकु, राह तके बीत गई रतिया।

धड़कत है जिया तरपत है, तुने जो प्रीति को पेंच भिराए गई ।।

कैसे मनाऊँ पिया तुझको, तू मानत नाहीं-जानत नाहीं दिल की।

तरप बढा पिया तेरे मिलन की, ते मोहे मदिरालय पहुंचाए गई ।।

76 वो असर इल्म की चलाने लगे

वो असर इल्म की चलाने लगे, थोरी हरकत वो अपनी दिखाने लगे।

पास आने लगे मुस्कराने लगे, और नैनों से खंजर चलाने लगे।।

इरादा है उनका वो बताते नहीं, हक ऐसा दिल पर भुलाते नहीं।

और मुहब्बत का असर है इस कदर, वो तो खयालों के जाले बनाने लगे।।

इश्क ऐसा हुआ मैं डूबा रहा, शहरे हसर नाम छाने लगा।

मुहब्बत का सबब था इस कदर, और उनके गलियों से तार आने लगे।।

फिर उनकी झलक हुई बोझिल पलक, फिर तो दिल में मिलने की ललक।

चाहत में उनके थे इशारे कई, और वो दावत में चाहत चलाने लगे।।

फिर मैं ने इबादत किया, पिया हम है तेरे है तेरा सुक्रिया-सुक्रिया।

वो तो अंजान बन मेरे मेहमान बन, मेरे हसरत की होली जलाने लगे।।

तीर चुभता गया घाव बनते गए, जख्म रिसते गए गम उभड़ते गए।

वो कहने लगे चाह मुमकिन नहीं, और चाहत की कीमत बताने लगे।।

नजर आज उनका यूं कुछ ऐसा तीखा हुआ, खंजर सी लगी आकर मुझे।

मैं तरपता रहा अपने नासूर से, और वो बातों से हमको सताने लगे।।

77 शायद तो यही हुआ है समय वेग के द्वारा

शायद तो यही हुआ है समय वेग के द्वारा।

सुचकता के मानक बिंदु पर फिर देखा।

है नीला अंबर, नीली धरती का आँचल सारा।

धारा तो धारा है, बहती है प्रबल वेग से।

मुझे मानवता का छाया कहीं नजर तो आए।

क्या कहूं मैं अब, मैं खुद अपने ही पद चिन्हों से हारा।।

कहीं-कहीं तो रोया हूं मैं तो ऐसे पथ में।

फिर भी मैं ने अपने उन आँसू को ना देखा।

कैसे तो फिर समझाऊँ अपने इस पागल पन को।

ना बदला तकदीर, ना बदली हाथ की रेखा।

काश मेरे सिंचित कर्म मुझे अब राह कोई दिखलाए।

देखा तो है उषा काल में, सोता है जग सारा का सारा।।

कभी पास आकर भी सुख ने बदली अपनी राहें।

खुशियां तो कहती है मानो, अपनी मत फैलाना बांहें।

घनघोर घटा बादल तो कहीं प्रबल वेग से गरजा।

छाया हुआ भी है देखो, निराशा की घनघोर घटाएँ।

कहने की है क्या, मौन तो फिर से हुई हवाएँ।

फिर तो देखो नील गगन में, यूं मौन हुआ है तारा।।

अब तो कहता हूं मैं, मेरा हृदय जो मौन नहीं है।

सुधा की आश में विष का प्याला बचा है अब तो।

सत्य ही तो है, कल-कल करके बहती सरिता तब तो।

शायद तो यही हुआ है, मानक बिंदु गौण नहीं है।

किंचित तो मुझसे भटका मेरा साया कहीं नजर तो आए।

यही तो कारण भी है, उलटी हो गई नदी की चंचल धारा।।

78 समझ आए जिया तू है रे

समझ आए जिया तू है रे पिया, बे शर्त देखिया है इश्क।

तू भुला दे ना, मिटा दे ना है जो मेरे यादों का सिलसिला।।

तेरे यादों का हरकत, है हम सफर सपने कई हसरत कई।

तू मिटा ना दे वो रे, पिया मै ने कई खत है तुझको लिखा।।

मैं ना जानता था शहर में तेरे, तेरा मुझपर ऐसा इल्जाम होगा।

मैं पीछे-पीछे आ रहा हूं तेरे, और तेरा तो बढता काफिला।।

मैं ने कहा है बेचैन हूं मैं, और दिल को चैन मिलता नहीं है।

धड़कता है धड़कन पिया ऐसे, तू कहीं दे ना दे गम का सिला।।

अब तो कहने लगा है दिल, मुझको तो इतनी मुहब्बत है तुमसे।

नादानियों में अब बहकने लगा हूं मैं, तुने जो बनाने लगी फासला।।

मैं रातों को जगा हूं, और रहने लगा हूं पिया तेरे यादों के संग में।

तूफानी रातों में और दिले जज्बातों में, तू अब तो बढा मेरा हौसला।।

रश्मो का ही तो है शहर, है वादे तेरे और मैं रस्में निभाने लगा हूं।

बता दे तो सही, निभा दे वादें वैरी वो रे दिलो को मंजिल दिला।।

तेरी मुहब्बत में हूं, और इल्जाम मुझपर ही तो आने लगे है।

तेरी गली से गुजरा हूं जबसे, गम तुने दिए, तेरे दिल का था फैसला।।

79 तय और निर्णय दोनों ही है

तय ओर निर्णय दोनों ही है, है जीवन के मधुमय लय।

अंतर क्या है दोनों में, अब कौन करेगा तय कौन करें निर्णय।।

दोनों का ही अर्थ एक है, दोनों समान भाव से अविरल भी।

जो करना तय होता है, करना पड़ता है मन को दृढ़ निश्चय।।

दोनों का ही धारा एक है, बहता है जीवन में कल-कल।

जो निर्णय करना होता है साथी, करना पड़ता है मन को दृढ़ निश्चय।।

समान भाव से दोनों का प्रभाव है, अब कौन कहेगा भेद कहीं है।

तय करना हो या निर्णय करना हो, मन को देना होता वरदान अभय।।

आज कहोगे कैसे होगा निर्णय, कैसे अब अंतर करना है तय।

कैसे होगा अब कहना भी संभव, अब दोनों का कौन करें निर्णय।।

कौन बताए पथ में सच को, अब तो जटिल सा प्रश्न हुआ है।

गूढ़ प्रश्न है मेरे मन के उपवन में, कैसे मिटेगा मेरे मन का भय।।

कहीं तो कोई जानता होगा, तय और निर्णय में खींचा है रेखा कैसा।

आज कोई तो कह देगा, तय करना होता है करना होता है दृढ़ निर्णय।।

लगता था चाँद थोरा करीब से

लगता था चाँद थोरा करीब से, मेरा ही है ख्वाब सा, अभी रात है।

नदिया किनारे मैं ने चाँद को, आया है वो आसमान में उजाला लिए।

मेरा बचपना फिर आ गया है, उभड़ने लगा है दिल पे छा गया है।

बचपना वो मेरा, वो भीगी रात, याद आया रात यादों का हवाला लिए।।

कितनी दूरियाँ रह गई है अभी बाकी, चाँद आया है चाँदनी रात है।

अभी सफर यादों का चल चुका है, उफन-उफन आता है उजाला लिए।

कोरे-कोरे कागजों पर मैं ने उकेरा चाँद को, वही चाँद निकला हुआ।

तारों के हुजूम में चाँद अकेला खिलता दिखे, आसमान से हवाला लिए।।

अभी रात है बादली चाँद खिलता दिखे, बादलों से ऐसे मिलता दिखे।

बादलों के झुंड में चाँद छुपना जाए कही, मुझे देने बाला प्याला लिए।

याद आए बचपन मेरा, वो नानी की कहानियां, वो रातें आई चाँदनी।

रिश्तों के डोर में चाँद बंधा सा लगे मुझे, मेरे बचपन का उजाला लिए।।

लगता था चाँद करीब और आए तो, सीख लेना है मुझे संजीदगी।

मैं ऐसे ही खो जाऊँगा चाँदनी में, उलझनों से लिपटे दुशाला लिए।।

मेरे खयालों की भीनी-भीनी जागीर

मेरे खयालों की भीनी-भीनी जागीर, बस तेरा यही तस्वीरा।

मैं तुमसे हूं, हूं तुमसे जूड़ा, आ जईयो तुम्हें बांध ले चाहत के जंजीरा।।

तस्वीर तेरा थोरा-थोरा रंगीन सा, भीना-भीना सा महक है हवाओं में।

थोरा-थोरा तेरा असर है फिजाओ में, माही वे तू ही मेरे तकदीरा।।

इश्तहार में तेरे मेरा नाम आने लगा हैं, मैं इश्क में मशहूर होने लगा।

तेरे शहर में इश्के डगर में, तू मान ले तू ही तू मेरा पिया तकदीरा।।

महलों की ख्वाहिशें नहीं है अभी, बना लूं इश्क का प्यारा आसियां।

तेरे-मेरे दरमियान वही बात है इश्क का, तू पिया लिख मेरा तहरीरा।।

मशक्कत कर रहा हूं मैं महफिलें सजाने को, इश्क में शहर जले।

मेरा दिल जले तेरे चाहतों में तेरे लिए, मेरे लिए तू ही ताबीरा।।

मेरे खयाल में तेरा असर घुला है, सांसों से सांसों का रिश्ता खास है।

जहां से तेरे लिए खुशियाँ मांग लूं, वो सोहना तू ही मेरा तकदीरा।।

शहर-शहर मुझे तेरी ही खोज है, तेरे लिए जो प्यास है रोज-रोज है।

दिल की सल्तनत तेरे लिए खुला हुआ, तुम्हें बांध लूं चाहत के जंजीरा।।

मैं कहां जाऊँ

मैं कहां जाऊँ, राह दिखता नहीं, नजर नहीं आती मंजिले।

दूर तक सड़क सूनसान सा, बता भी दे कोई मैं कहां जाऊँ।।

ऐसा हिसाब हो गया है जिन्दगी, नजर आता नहीं कोई चलते सफर।

मुझे अपने हौसले को तराजू में तौलना है, बता दे कोई कहां जाऊँ।।

बहुमंजिला इमारतें होता है शहर में, चारों तरफ कंकरीट की दीवार है।

हर राह पर दो मोड़ है दो तरफ, कोई तो बता दे मैं कहां जाऊँ।।

मुझे हौसला तो कोई पास आकर, समझाए ठोकरों की दुश्वारियाँ

चलते सफर इस कदर थमने लगा हूं, कोई तो बताए मैं कहां जाऊँ।।

ढूंढना है खुशियों के गुलिस्तां, दूर तलक जिन्दगी पथरीले डगर है।

जान लेना है मुझे सारे शहर को, बता दे कोई मैं राह में जाऊँ कहां।।

मेरे लिए कोई तो सिफारिशें हो, जिन्दगी जीना है तो गुजारिशें हो।

राह में अब तलक रहा है हर कोई अंजान सा, बता दे कोई जाऊँ कहां।।

मेरे कोशिशों का मतलब निकले सही, जो रहा अब तक सिफर सा।

जिन्दगी के दो रास्ते दोनों ही जहमत भरे, बता दे कोई जाऊँ कहां।।

ऐसी तो अलख जगी

ऐसी तो अलख जगी, तेरे लिए धुनी रमाई मैं ने, तेरे लिए धुनी रमाई।

ना तू आया ना तेरी पाती आई, कैसे कहूं मुझपर क्या बीता हरजाई।।

इक तो अलख जगी अँखियन में, बस इत-उत तेरे ही अक्स को देखे।

मैं भोरा -भोरा मेरी प्रीति भोरी, कैसे कहूं मुझपर क्या बीता हरजाई।।

इक तो अलख जगी मेरे बाली उमर पर, कोयल विरह तान से गाए।

मृदुल मधु लता लिपटे जो मुझसे, कैसे कहूं मुझ पे क्या बीता हरजाई।।

इक तो अलख जगी मेरे यौवन पर, पिया प्यास बढाए पल-पल की।

यहां इश्क का जलवा जो छाया, कैसे कहूं मुझपर क्या बीता हरजाई।।

इक तो अलख जगी पिया ऐसी, मैं तुम्हें ही नित ढूंढूँ वन-उपवन में।

यह मेरी चाहत तेरा होने लगा हूं, कैसे कहूं मुझपर क्या बीता हरजाई।।

इक तो अलख जगी प्रेम रागिनी की, पिया मोहे खुद की खबर लगे ना।

क्या-क्या हुआ इश्क भँवर में, कैसे कहूं मुझपर क्या बीता हरजाई।।

मुझपर अलख जगी प्रीति में ऐसी, खुद को भुला, यह पहचान भुलाया।

तेरे प्रेम में पिया मैं खुद को देखूं, कैसे कहूं मुझपर क्या बीता हरजाई।।

तकते मेरे नैना

तकते मेरो नैना, तू कहां गई मेरी जाना, दिल मेरा थारे लिए दीवाना।

तकते-तकते राह तेरी शाम हो गई है, मैं तेरा हूं दिल बदनाम हो गई है।।

तेरे अँखियों की भाषा समझ ना आए, करवा दे चाहत की कोचींग।

मैं तेरा हुआ शहर बीच इश्क में नाचा रे, चाहत तो इल्जाम हो गई है।।

तेरे कंगना करें शरारत, सोर मचाए ऐसे, वो पिया मोहे भरमाए ऐसे।

तेरा जादू मेरे सिर चढ-चढ जाए भोली, इश्क में अब शाम हो गई है।।

तू बल खाती निकले गलियों से, छम -छम अजी बाजे थारी पैजनिया।

तू बन गई मेरी परछाईं, आ मिलने हरजाई, अब इश्क ईमान हो गई है।।

तेरे चर्चे-मेरे चर्चे हुए रात सर्द है, कैसे तुम्हें सुनाए जिया में उठा दर्द है।

मतलब की बातें छोर भी दे चाहत में, पिया इश्क इंतकाम हो गई है।।

तेरे इश्क ने जोर किया है, मैं खुद को आजमाऊँ, तुमसे नैन लगाऊँ।

पिया वो सधे कदम का खेल इश्क नहीं, अभी चैना हराम हो गई है।।

तकते मेरे नैना, तेरे चाहत में तेरी राह तके, दिल में तेरी परवाह हुई।

अभी इश्क का सागर छलका, हुआ तुम्हारा, तुम्हीं से नाम हो गई है।।

उदय हुआ जो पूर्वांचल में

उदय हुआ जो पूर्वांचल में, अस्त तो होना है, क्या-क्या खोना है।

कर्म भाव हो या निष्काम भाव से, संयुक्ता दोनों के परिणाम।

हार-हार नहीं जीत-जीत नहीं, फिर क्यों मन के आँगन इसे बिलोना।

उदय हुआ तो अस्त भी निश्चय, संयुक्ता है दोनों ही एक समान।।

भँवर जाल में उलझा जीवन है, क्यों नहीं चुन लाए शीप से मोती।

यह अँधियारा फिर ऐसे क्यों आया, संयुक्ता कर गया काम तमाम।।

धीरज का क्या बोलो कैसे धारन करना, इसका भी मिलता ठौर नहीं।

इधर-उधर में उलझाए जीवन की नौका, संयुक्ता कैसे मिले विराम।।

क्या निर्णय भी हो पाएगा, नैया पतवार बिना फंसी मझ धार में कैसे।

अभी पलक पर आँसू के बादल, संयुक्ता कर ना जाए सभी नीलाम।।

अभी-अभी तो पथ का करना था अवलोकन, चिन्ता ऐसी आन परी।

छाए घने अब दुविधा के बादल, संयुक्ता पथ में मालूम हो इन्तजाम।।

अवांछित तो मन का नहीं हुआ है, जीवन का बोलो विश्वास हो कैसे।

घना-घना दुविधा का धुंध भी छाया, संयुक्ता अब करना है विश्राम।।

एक दिन हम दो लहरों पर

एक दिन हम दो, लहरों पर जिन्दगी, दूर-दूर तक और ना कोई।

फैसला-तेरा फैसला अजीब सा, हुए तुम कहीं-हुए हम कहीं।।

मेरी मन्नतें अधूरी रह गई, तुम पास आकर जो दूर-दूर हो गए।

अब तनहाइयों के बादल पास आ गए, हुए तुम कहीं-हुए हम कहीं।।

जिन्दगी जो कह रहा था, नाव मझ धार में लहरें तेज बह रहा था।

अपना बिगड़ गया जीने का हिसाब ही, हुए तुम कहीं-हुए हम कहीं।।

हजार बार कह रहा इतमीनान से, गुजर रहा हूं कबसे इम्तिहान से।

बेजबान सा मुझे कर गई तेरी अदावतें, हुए तुम कहीं-हुए हम कहीं।।

इरादतन अभी तो नहीं हुई कवायद, दूर-दूर हो रही तेरी इनायतें।

जख्म भी अजीब सा, दर्द भी अजीब से, हुए तुम कहीं-हुए हम कहीं।।

खत्म तो नहीं हुआ अभी तलक है बात वो, तुम छुपा रही हो राज को।

अदावतें जो राह में इस कदर है जिन्दगी, हुए तुम कहीं-हुए हम कहीं।।

तुम देखो ना करीब से मुझको क्या हुआ, तलाश में तेरे फना हुआ।

दिल के तेरे इश्तहार पे मेरा तो पता लगे, हुए तुम कहीं-हुए हम कहीं।।

संभल-संभल के चलता दिल

संभल-संभल के चलता दिल, राहें टेढी, पल-पल राह बदलता दिल।

तेरे मतवाले अँखियन ने नैन लगाई, चाहत की बातों से मचलता दिल।।

माने नहीं मन चैना मिले कैसे, दिल जाने नहीं सजना नैना मिले कैसे।

तू अलबेली नार करी श्रृंगार ऐसे, तेरी अदाओं से ऐसे ही जलता दिल।।

अलबेली जोगन बन, करी जय-जयकार इश्क की, है पुकार इश्क की।

तेरे गली में चाहत की अलख जगी, तेरे ही इबादतों पे पलता दिल।।

तू इश्क की रहनुमा हो गई है, कहता हूं बार-बार, इकरार तो सुन ले।

चूम लेना है तेरे लवो को आजा चूम लूं, तेरे छोटी बातों पे पलता दिल।।

तेरी अनोखी कहानी सुनाने की कला, बता खुद कैसे संभालूं खुद को।

लमहा खास है तू बसी खयालों में, तेरे दिखाए राहों पे चलता दिल।।

तेरे मतवाले कारे-कारे अँखिया, पता अब तो चले पिया मैं हूं डूबा कैसे।

दिल की जमीं सजाया है कलियों से, तेरे लिए एहसासं में पलता दिल।।

संभल-संभल कर ही मैं उलझ रहा तेरी बातों में, तू मिले मुलाकातों में।

थोरे-थोरे सपने आए सजाए हुए हम, तेरा खयाल है जो छलता दिल।।

महफूज कर अपने इश्क की महफिलें

महफूज कर, अपने इश्क की महफिलें, ख्वाब की बात महफूज कर।
तू समझने लगो मेरे इश्क को, तेरी नदानियत में किए सारे फैसले।।

महसूस होने मुझे जिन्दगी भीगे रात को, तारो की निकली बारात को।
मेरे उम्मीद जो जवां होने लगे है, सनम मेरे आरजू फिर तेरे पैतरे।।

तेरी चाल बाजियाँ इश्क में मशहूर हो ना जाए, जिन्दगी दूर होना जाए।
तेरा इश्क मतलबी खो ना जाए कहीं, नदानियत में तेरे सारे फैसले।।

इश्क में करीब का मामला है, तू मिली है जब से ख्वाबों में तारे लिए।
तू समझे जो ना ऐसे हालात बन गए, तू कहीं जला ना दे मेरे हौसले।।

एतबार का जरूरी है इश्क की पगडंडियों पे, इश्क में ईमान कर सही।
इश्क बिना तू नहीं-इसके बिना मैं नहीं, नदानियत में ना कर फैसले।।

असर तो होने लगा है अब तुम्हारा यहां, जर्रा-जर्रा में तू समाई हुई।
मान ले तू जान ले-मैं गुजारिशों में डूबा, ना सनम-ऐसे ना दिखा पैतरे।

मैं करने लगा हूं नुमाइंदगी तेरे अक्स का, बसी तू मेरे रोम -रोम में।
महफूज कर खयाल को, मेरे सवाल को, नदानियत में ना दिखा पैतरे।

दिल दे-दे तू मान ले

दिल दे-दे, तू मान ले दिल की किताब में तू खिलता गुलाब दे।

मेरा दिल मांगता है तुम्हें बेहिसाब, बस तू अपना जबाव दे।।

मैं तुमसे दूर ना रह सकूं जिन्दगी, यह दिल जानता है, मैं मानता हूँ
मेरा दिल थोरा-थोरा तेरे करीब है, बस तू अपना जबाव दे।।

मेरे दिल का किताब है अधखुला, तू पढ ले सही, रट ले सही।

तू जंच रही है कब से मुझे, मेरे खयाल को, बस तू अपना जबाव दे।।

कह दूं सही इश्क की उन बातों को, जो उलझा हुआ सा कब से है।

इश्क की बारीकियां समझ आने लगा मुझे, बस तू अपना जबाव दे।।

तू मतलबी ना बन, जिन्दगी तुमसे मेरा, तू ऐसे सनम बेरुखी ना बन।

मैं ने ठान ली है जिन्दगी होना है तुमसे, बस तू अपना जबाव दे।।

शायद यही तो हुआ मुझे, मैं इश्क में डूबा हुआ तेरे इंतजार में।

सुन जरा वो दिलरुबा प्यार का इजहार है, बस तू अपना जबाव दे।।

खबर कर दूं मैं तुम्हें चाहतों की बात वो, अपने दिलें जज्बात वो।

अनूठा सा पहल है इश्क में जिन्दगी का, बस तू अपना जबाव दे।।

मनवा तू समाई है ऐसे

मनवा तू समाई है ऐसे, पिया जिया घबड़ाए अजी तू नैन मिलाए ना।

आया इश्क का मौसम मैं भीगा-भीगा, मनवा चाहत की लहर उठे।।

कहना जिया तुमको, सुन ले बैरी पिया तुमको, धड़क जाए जिया मेरा।

तू मतवारी नारी मोहे मिलने ना आई, मन मेरे चाहत की लहर उठे।।

तू बैरन अजी हां, अदाएँ तेरी कातिल हो गई है, जाने कैसे खो गई है।

मतवाला जिया मैं तेरा पागल पिया, मन मेरे चाहत की लहर उठे।।

तू समझे ना बालम रे, वो बलमा, बैरन रे कहूं कैसे तू मोहे समझे ना।

पिया नैन मिलाई प्रीति में, रामा दुहाई, मन मेरे चाहत की लहर उठे।।

तू जान लेना सही मुश्किलें बढ़ने लगी है, एहसास है कि कहने लगी है।

तेरे यौवन की पुरवाई लहर-लहर चले, मन मेरे चाहत की लहर उठे।।

अब के वर्ष पिया तू प्रीति लगा ले, मैं तेरा हूं अजी तू अपना बना ले।

तू जाने नहीं बैरन रे मैं चाहत में हूं तेरे, मन मेरे चाहत की लहर उठे।।

चाहत में हठ तेरा कैसा री भोरी, पास भी आजा वो संवर सलोनी।

तू पिया मेरे जिया को मेरे जलाया ऐसे, मन मेरे चाहत की लहर उठे।।